# 运输经济学
## Transport Economics

刘炳春　著

经济管理出版社
ECONOMY & MANAGEMENT PUBLISHING HOUSE

图书在版编目（CIP）数据

运输经济学/刘炳春著 . —北京：经济管理出版社，2019.6
ISBN 978 - 7 - 5096 - 6665 - 4

Ⅰ. ①运…　Ⅱ. ①刘…　Ⅲ. ①运输经济学—教材　Ⅳ. ①F50

中国版本图书馆 CIP 数据核字（2019）第 122871 号

组稿编辑：李红贤
责任编辑：李红贤
责任印制：黄章平
责任校对：陈晓霞

出版发行：经济管理出版社
　　　　　（北京市海淀区北蜂窝 8 号中雅大厦 A 座 11 层　100038）
网　　址：www. E - mp. com. cn
电　　话：(010) 51915602
印　　刷：北京晨旭印刷厂
经　　销：新华书店
开　　本：720mm×1000mm/16
印　　张：12. 25
字　　数：220 千字
版　　次：2019 年 6 月第 1 版　　2019 年 6 月第 1 次印刷
书　　号：ISBN 978 - 7 - 5096 - 6665 - 4
定　　价：48. 00 元

# 目  录

# 第一章　概　述

交通运输是国民经济具有先导性和基础性的产业之一，随着市场经济的不断发展，我国交通运输业发展迅速，国家相继颁布了《道路交通安全法》《道路运输条例》等，也逐渐加大了交通基础设施的建设步伐。通过大规模地实施农村、乡镇和城市交通运输基础设施项目，我国交通运输状况大为改观。各地区经济发展与运输能力之间的矛盾得以缓解，有力地促进了农村地区、城乡、区域经济的发展，但在发展过程中还存在农村与城市之间交通状况的差异较大、区域间交通发展不平衡等问题。随着农村经济快速发展、城镇化水平逐步提高，城市交通需求压力增大，运输需求也相应扩大，影响运输业稳定运行的不确定因素有所增加。这些问题不仅不利于社会经济的发展，也在一定程度上制约了我国新时期社会的发展进程，需要采取必要的措施加以解决。

## 第一节　运输经济学概述

### 一、运输与国民经济

运输（Transport），是指用特定的设备和工具，将物品从一个地点向另一个地点运送的物流活动，它是在不同地域范围内，以改变物品的空间位置为目的对物品进行的空间位移。通过这种位移创造商品的空间效益，实现其使用价值，满足社会的不同需要。运输是物流的中心环节之一，也是现代物流活动最重要的一个功能。

国民经济与社会生活中发生的人与物在空间位置上的移动几乎无所不在，但并不是所有的人与物的位移都属于运输经济学探讨的范畴。经济活动引起的物的移动有很多，除了一般了解的货物运输，还有输电、输水、供暖、供气，以及电信部门传输信息等。这些物质移动也产生物质位移，在一定意义上说与货物的移动并没有什么本质上的区别，而且其中有一些也确实就是从货物运输中逐渐分离出来的。但是，由于输电、输水、供暖、供气和电信传输都已各自拥有独立于交通运输体系之外的传输系统，它们完成的物质位移不再依赖于人们一般所承认的交通运输工具，因此这些形式的物质位移不包括在运输领域中。

在自然经济社会中，生产、生活所需要聚集的必要要素种类较少，因此，物质、能量、信息的流通域较小，且在大地域范围内的流通频度也很低，只在一狭小范围之内相对较高，所以在这种社会中经济是以"板块割据"的形态出现的。自然经济社会生产产品的单调性导致各经济板块具有同质性，经济的同质性使其流通域中的流通频率低、强度小，这时的运输并非现代意义上的一种产业。因此，有学者认为，包括运输经济学在内的任何一种经济学都是资本主义生产方式的产物。只有当流通的涉及面广、强度大、方向复杂、频繁重复时，研究其有效性才有重大的社会意义或价值。也正因为研究意义重大，所以才促使其研究内容成为一门经济科学。到了资本主义社会，实现了社会化的大生产后，创造出了空前的生产力。这种空前的生产力的获得来自社会化大生产中的规模经济，实现规模经济的理论方法是实施生产高度分工，具体操作方法就是集中化、同步化和标准化地进行生产。同时，与这种生产方式同构地生成了地点相对集中（主要在城市）、不断重复、高强度的货流、客流，这些货流、客流则使得运输成为一种产业。产业的运作要求是使资源得到有效的配置，这正是经济研究中的本原问题。因此，资本主义生产方式是包括运输经济学在内的各种产业经济学产生的根据，要注意的是，由此引出的各种经济学的产生不一定是同期的，而是有先有后，其中通常是先"一般"后"专门"，因为"专门"的经济学理论是要有"一般"经济学理论做基础的。所以，运输经济学产生的必要条件有两个：一是运输产业的存在；二是有普适的经济学作为基础。

**二、运输经济学的定位**

运输经济学（Transport Economics）是应用经济学的一个分支，它是以经济学的理论和方法，分析探讨与运输有关的各种经济问题的一门学科。

根据研究对象的不同，目前与运输经济有关的学科大致可划分为运输经济学、运输地理学、运输规划学、运输工程学、运输组织学和运输管理学等领域。

这几个领域之间相互联系和交叉，有时候不容易分清楚。一般来说，运输经济学抽象和研究的是运输需求、运输供给以及运输市场中的种种经济规律。对于地理学家来说，运输的重要性在于它是影响经济与社会活动分布的主要因素之一，所以他们关心运输网空间结构的变化及其与其他地理要素的相互作用关系。运输规划学主要研究运输业发展中运输设施建设的布局、规划原则、规划方法以及如何确定具体的运输项目。运输工程学主要解决具体工程的设计、施工问题和工程中如何提高管理水平、效率及效益的问题。运输管理学则是运输业经营者关于运输企业的组织形式、结构规模、如何在运输市场上竞争以及内部如何从事计划财务、劳资等方面的经营和管理的学科。

运输学（运输工程学及运输管理学）的成熟为运输经济学的产生提供了充分条件，而运输经济学则是衔接运输学与经济学的"交叉"学科，因此，运输经济学内容的丰富与否是与运输学内容的丰富相伴随的。其实，运输经济学就是从运输学最后章节的发展中分离出来的，而运输学又是一种工程学，那么也可以说运输经济学是一种后工程学。其中，前缀"后"除了指运输经济学从运输学之中分离出来的那部分内容外，还应包括二者分离后运输工程发展中所出现的新情况。这部分研究的主要内容就是工程技术（运输）与社会（经济）之间的"接口"问题，也就是运输之中的技术经济问题。其实还不止于此，运输经济学还应包括一部分从经济地理学中分离出来的问题。将运输经济学中的"路"与"车"两种问题作比较时，"路"是交通地理系统中的慢变量，它对交通系统特性起着支配性的作用，且"路"问题又属于经济地理研究的范畴，因而人们有时也将运输经济问题划归为经济地理，而经济地理问题又属于地理学科，因此，运输经济学研究的问题中还有一部分来自经济地理。但这部分经济地理中的运输问题的基础仍是运输学，没有运输中的"路"问题就没有经济地理中的运输问题。实际上，准确地讲经济地理问题应为地理经济问题，应属经济学科，所以运输经济学中真正能起分析作用的理论还是运输学和经济学。运输管理学是一门与运输经济学邻近的学科，这二者的相同之处在于都是以运输现象作为研究对象，研究目的都是要使运输系统能有效运作，并使其资源得到充分利用；不同之处在于运输经济学研究是要抽象出运输生产中的经济规律，而运输管理学则是研究如何将运输生产中的经济规律得以具象。前者在研究中应尽可能地抹去不必要的背景进行抽象操作，得到的研究成果就是抽象的规律，规律是属科学范畴的概念，所以运输经济学是一门科学。后者则是要尽可能地将抽象规律在其应用的背景中进行具象操作，使其回归到背景之中去。具象操作术在遵从规律的前提下，更多

的是要应用艺术范畴之中的技术。因此，这就是很多人认为与其说管理学是一门科学，还不如说它是一门艺术的深层道理。

在一定程度上，运输经济学为其他运输学科提供必要的经济理论基础。在开展运输地理研究、进行运输规划、从事工程设计和施工以及经营管理运输企业之前或工作进行之中，应该对问题的本质和来龙去脉有一定的了解和分析，对未来的可能趋势做出预测，并将解决问题的方法制定出方案以进行评价和可行性研究，作为决策的参考依据；运输的规划、设计、施工、运营各项工作中都包含经济问题，都离不开运输经济学的理论和分析方法。因此，运输经济学是其他几个有关运输学科的经济理论基础；同时，运输经济学也必须与其他学科共同发展，只有将运输经济学与其他学科互相渗透、紧密结合，才能更好地探索各种运输经济问题的内在规律，比较圆满和有效率地实现运输目标。

### 三、运输经济学的意义与重要性

运输是社会再生产过程中不可缺少的环节。随着科学技术的不断进步，社会分工与生产专业化的日益发展，国民经济各部门之间、地区之间、企业之间的经济联系更加密切而广泛。没有运输业的活动，国民经济各方面之间的联系就会中断，社会生产过程就会停滞，而且生产流通等各个领域经济效益的提高在很大程度上也取决于运输业的密切配合。此外，运输业的发展还有利于生产力的合理配置和新资源的开发利用，能促进生产专业化协作，加速资金周转，缩短流通时间，提高社会劳动生产率，从而推动社会生产更快地增长。运输业的重要性主要表现在以下五个方面：

#### 1. 促进工农业生产和整个国民经济的健康发展

运输业作为社会生产的必要条件，是保证国民经济建设正常进行的重要环节。在某种情况下，没有运输就不能进行生产活动。例如，煤炭开采出来以后，如果没有运输工具送入消费地区，煤炭本身的使用价值就不能实现。尤其是随着现代化大生产的发展，生产专业化与协作的加强，各地区之间的经济联系更加广泛和密切，这就更需要按时将原料、燃料和半成品运往工厂，将化肥、农药等运送到农村，把成品及时送入消费地，以保证整个国民经济正常运转。

对于工农业生产部门来说，运输速度越快，运输效率越高，运输质量越好，运输成本越低，就越能缩短商品在途时间，加快流动资金周转，降低商品流通费用，从而促进经济的发展。

此外，运输有助于新资源的开发和落后地区的经济开发，并能扩大原料供应范围和销售市场，最终促进社会生产力的发展。例如，21世纪以来，随着我国西部地区一些高速铁路和公路干线的兴建，出现了不少新的工业基地和城市，西南地区和西北地区的工业总产值也有了大幅度的提高。

2. 推动了生产力的合理布局，有利于提高全社会的经济效益

国家和地区的工业布局，首先要考虑原材料运进和产品运出方面所具备的交通条件。采掘工业和加工工业的布局安排是否合理，同样也要分析交通条件如何，没有现代化的运输或运力不足，新的大型资源的经济开发是不可能的。因此，运输在一定程度上能够促进生产力的合理布局。例如，兴建一个工厂、矿山，开发一处农场、牧场，修建电站、学校，设置商业购销网络，都必须考虑到交通运输的条件。上海市100多年前不过是一个小渔村，且又无矿产资源，但自从沿黄浦江建立海港后，很快就发展成为我国工业、商业最为繁荣的第一大城市。

我国的生产力布局不尽合理，大宗货物和能源的产量分布较不平衡，沿海工业比较集中，而矿产资源较为丰富的内蒙古自治区、山西省及西北、西南广大地区，工业基地却比较少。因此，沿海和内地的经济发展极不平衡，工业商品产地远离市场，远离原料和燃料生产基地，造成了极大的浪费。为了改变这种生产力布局不合理的状况，首先要改善边远地区和内地省份的交通条件，只有交通便利，才能促使工业企业向边远地区转移，才能促使新的工业基地和工业城市兴起。

3. 加强了国家、政治、经济及文化等方面的交流

现代的交通网络，可把全国及我国与世界各地连成一个有机的整体，加强了各地的政治、经济、文化的交流往来，在满足人们旅游和物质文化生活方面起到了重要的作用。

就我国经济而言，我国的经济发展不是仅指沿海几个经济特区或省份的发展，不是仅指东部狭长地带的发展，也不是仅指几亿城镇居民的居住地的发展，而是应该包括全体农民在内的全国各族人民的整体物质生活与文化生活的共同发展。我国中西部的广大地区，至今还是"欠发达地区"，在一定的时间内，要使这些地区有大的改观，只靠中央或其他省份的"输血"是不行的，必须完善它们的"造血"机能，而交通运输业是其"造血"所必需的机能之一。经济欠发达地区常以交通困难或交通欠发达为特征，如果充分利用现代运输手段，可明显加快其经济的发展。

**4. 扩大了对外贸易，密切同世界各国的关系**

现代社会，再也不能是"自产自销"的小商品生产社会，必须将门户向世界开放，有无完善的交通系统是门户能否真正打开的关键。"二战"后的欧洲各国为了复兴欧洲，十分注意欧洲统一运输网的建设，经过几十年的努力，已统一了欧洲的航道标准，四通八达的欧洲大陆公路运输网更是在"二战"后欧洲的各国联合和经济振兴中起到了积极作用。自改革开放以来，我国高度注重引进与利用外资兴建与完善我国的交通基础设施。随着对外开放政策的实行以及我国国际事务活动范围的扩大，我国同世界各国在政治、经济、文化方面的交流日益频繁，关系逐步密切起来，运输业的作用也日益重要。

**5. 增强了国家的国防实力**

在战时，无论武器装备何等精良，若不能及时送到前线，就不可能发挥应有的作用。因此，运输线路的通车程度，特别是铁路和汽车运输的能力大小，对国防力量的加强至关重要。运输业平时确保社会经济的发展，战时则可用于国防的需要，充分保障兵力的调剂，武器、弹药和给养方面的后勤支持。历史证明，大力发展运输业对于国防建设有着重要的作用。

# 第二节 运输经济学的回顾与展望

## 一、运输经济学国内外发展情况

**1. 学科的国外发展情况**

（1）学科初创时期。西方的经济学家们很早以前就开始注意运输问题了。亚当·斯密于 1776 年在《国民财富的性质和原因的研究》一书中论述过运输对城市和地区经济繁荣所起的促进作用、政府在交通设施方面的开支等问题。铁路在欧洲出现以后，有更多学者参与了对运输经济问题的讨论，著文论述运输与经济及文化的关系。德国经济学家李斯特在 19 世纪 20~30 年代把交通作为国民生产力的一个因素进行研究。马克思在他的经济学研究中提出了大量非常宝贵的运输经济思想，其所著的《资本论》用大量篇幅论述了铁路和航运对资本主义大工业的作用。1844 年，法国经济学家杜比特（J. Dupuit）发表了以费用—效益观点研究运输投资和运价问题的《论公共工程的效用》，这是第一篇提出边际概念的经济学论文，也被后人认为是第一篇运输经济学专论，因此在运输经济学学说史中占有重要地位。1850 年，在铁路的发源地英国，伦敦大学教授拉德那（D. Lardner）出版了《铁路经济》一书，这本书的副标题是"论一种运输新技术，它的管理与展望，并通过铁路在英国、欧洲及美洲的运营结果说明它与商业、金融和社会的各种关系"。在这本书中，拉德那不仅讨论了运输进步的历史及其影响，以及铁路的各种运营管理和成本、运费、利润等问题，还讨论了铁路与国家的关系。著名经济学家马歇尔（A. Marshall）称赞该书为近代铁路经济科学奠定了基础。1853 年，德国的卡尔·克尼斯（K. Knies）出版了《铁道经营及其作用》一书。1878 年，奥地利的萨克斯（E. Sax）出版了《国民经济中的运输工具》一书。这本书注重采用理论分析的方法，把边际效用学说引入了运输经济学；在体系上，该书既讨论一般的运输政策论，讨论国家在运输方面的作用，也讨论运输业运营活动的经营论。萨克斯对运输经济理论体系的建立做出了杰出贡献。以上几本著作是运输经济学初创时期的主要著作，为运输经济科学奠定了基础。

（2）快速发展时期。从工业国家修筑铁路高潮时期一直到第一次世界大战后，铁路在世界运输业中一直占有统治地位。在这段时期里，铁路的投资、铁路的经营管理以及国家对铁路的管理成为运输经济研究的主要对象，欧洲各个国家、美国和加拿大都出版了此方面的专门著作和大学教材。到了第二次世界大战前夕，汽车运输在欧美国家向铁路提出挑战，其他运输方式也得到迅速发展，这种变化当然要反映到运输经济学中。1940 年，美国的约翰逊（E. Johnson）等出版了《交通运输：经济原理与实践》一书，开始全面讨论包括铁路、水运、公路、航空和管道在内的各种运输方式的运输经济问题，包括它们之间的竞争与协作。"二战"以后，各种运输业的发展、变化和经济学在宏观、微观理论方面的进步，吸引了较多经济学家逐渐加入运输经济研究。以至于在西方，人们一般认为从 20 世纪 50 年代后期开始，运输经济学才真正加快了自己前进的步伐。这是因为，它的发展一方面要等待与运输有关的社会经济实践积累得比较充分，另一方面要等待基本经济理论、数学方法等基础和工具变得足够完善。在美国，1946年出版了毕格海姆（T. Bigham）的《交通运输：原理与问题》，1950 年出版了费尔（M. Fair）的《运输经济学》，1958 年出版了梅耶（J. Meyer）等的《运输业中的竞争经济学》，多次再版了劳克林（D. Locklin）的《运输经济学》。这些著作综合地讨论了各种运输方式的发展、竞争、定价原理、经营、国家对运输业的管理和运输政策等，是这一时期运输经济学的代表性著作。

20世纪60年代以后，西方国家各种运输规划方面的可行性研究和环境影响研究吸引了很多工程专家参与其中，这使得运输经济学在投资和成本——效益分析方面取得了较快进展。这期间，世界银行在运输方面的贷款项目和发展中国家遇到的交通运输问题也引起了经济学家的注意，他们注重研究运输与经济发展的关系。进入70~80年代，世界经济在能源、环境等方面的危机产生了新的运输经济课题，同时西方国家的运输业管理政策也发生了很大变化，对这些问题的探讨逐渐反映在运输经济著作中。西方运输经济学除了综合性的著作，如美国桑普森（R. Sampson）等的《运输经济——实践、理论与政策》、哈帕尔（D. Harper）的《美国运输：使用者、运送者和政府》、英国肯尼思·巴顿（Kenneth J. Button）的《运输经济学》和斯特伯斯（P. Stubbs）的《运输经济学》以外，还有一些比较专门性的论著，如航空经济、海运经济、城市交通、运输与能源、运输与土地利用、运输需求分析、各国运输政策分析等方面，其中城市交通的规划研究发展很快，著作数量较多。

从总体上说，运输经济学是一门正在发展但尚未完全成熟的学科。而且，运输经济学在很长一段时间里似乎与主流经济学总是格格不入。其原因在于：一方面，运输经济学问题确实有自己很强的行业特点，因此一些运输经济学家在建立学科体系和进行经济分析时似乎更像一群专业的技术专家，较少使用已经比较通用的经济学方法和语言；同时，一般经济学家也较难从总体上把握住整个运输经济学的脉络，故而导致学科之间的沟通较为困难。另一方面，过去一般经济学是以新古典理论作为基本框架的，但是这种分析框架需要一系列非常严格的前提作假设，如完全竞争、交易成本为零、信息完全对称等，而这些假设在交通运输领域可能比一般工商业更加不适用，因此，在运输经济学教科书中所直接平移过来的新古典理论又距离运输市场的现实十分遥远。

（3）近期的著作与教材。在作为运输经济学科发展主流所在地的西方国家，运输经济学著作与教材在最近20年间发生了很大变化，其突出特点之一是标准经济学方法的使用。例如，1997年美国密歇根大学的肯尼思·博伊（Kenneth D. Boyer）的《运输经济学原理》（*Principles of Transportation Economics*）一书出版，该书第一次比较清晰地把运输经济分析建立在运输业网络经济特性的基础之上，因此常常被认为是运输经济学开始走向成熟的一个标志。此外，还有其他一些近年来出版的教材，如英国肯尼思·巴顿（Kenneth J. Button）2010年再版的《运输经济学》（第三版）（*Transport Economics, 3rd Edition*），英国David J. Spurling于2010年出版的《运输经济学介绍：需求、成本、定价与采纳》（*In-*

*troduction to Transport Economics*：*Demand*，*Cost*，*Pricing*，*and Adoption*），法国的 Andre de Palma 和加拿大的 Robin Lindsey 等 2011 年出版的《运输经济学指南》（*A Handbook of Transport Economics*），D. Levinson、D. Gillen 和 M. Iacono 于 2011 年出版的《运输经济学》（*Transportation Economics*），加拿大的 Barry E Prentice 和美国的 Darren Prokop 于 2016 年出版的《运输经济学概念》（*Concepts of Transportation Economics*）。

**2. 学科的国内发展情况**

（1）学科发展历程。我国从 20 世纪 20 年代后期开始引进西方的运输经济学，先后出版了《交通经济学》《铁路管理学》等著作，介绍运价、运输成本、财务会计和运输统计等方面的原理。中华人民共和国成立以后，中国的运输经济理论主要是向苏联学习的，结合中国实际也编著了一系列运输经济学教材和专著。80 年代前后又陆续出版了《铁路运输经济》《公路运输经济学》《航运经济》《中国运输布局》《中国交通经济分析》《中国的交通运输问题》等一批著作，其中一些分别讨论各部门内部的运输经济、管理活动和体制改革，另一些则反映了当时对综合性宏观运输经济问题进行研究的成果。

到了 20 世纪 90 年代，运输经济学学科理论体系逐渐显现出来。其中代表性的著作有《运输经济学导论》（主编：许庆斌、荣朝和、马运等，1995），《运输经济——实践、理论和政策》（赵传运、荣朝和、马运等译，1989），1999 年上海海运学院陈贻龙教授和长安大学邵振一教授主编的《运输经济学》，管楚度的《新视域运输经济学》（人民交通出版社，2002），荣朝和的《西方运输经济学》（经济科学出版社，2002 年第一版，2008 年第二版），严作人、杜豫川和张戎主编的《运输经济学》（人民交通出版社，2009 年第二版），徐剑华的《运输经济学》（北京大学出版社，2009），杭文主编的《运输经济学》（东南大学出版社，2008 年第一版），李永生的《运输经济学基础》（机械工业出版社，2017）。

（2）学科发展的问题。尽管运输经济学在我国取得了长足的发展，但仍然有不少学者认为这些年我们在运输经济学理论创新，特别是学科体系改造方面的成果远不能令人满意，突出的表现是运输经济学科最明显的"载体"——教科书还存在以下一些明显的问题：

1）过去的运输经济学几乎纯粹是政治经济学的部门经济学，把它的指导思想概括为仅仅阐述政治经济学所揭示的规律在本部门的体现。有些运输经济学者即使不同意这个命题，但在实际上却无力摆脱这一束缚。这种状况必然与国际上经济学发展的主流不相适应，特别是不能与宏观经济学和微观经济学相衔接。

2）过去的运输经济学教材都以一种运输方式为研究对象，或者以一种运输方式为主要研究对象，没有形成综合性的运输经济学体系。各种运输方式是相互联系、相互补救的，抽取了它们的共性，过于强调它们的特性，不免使运输经济学加重工艺性和技术性色彩，从而出现弱化理论研究和政策研究的倾向。当然，我们不反对有"铁路运输技术经济学""公路运输技术经济学"和"水运技术经济学"等，但是用"运输经济学"命名的教科书，终究应具有各种运输方式的综合性特征，否则，就不可能给读者以整体的运输经济科学知识。

3）近年来的一些运输经济学教科书中，开始逐渐引入西方运输经济学的学科体系，这是对传统运输经济学教科书的重大突破，但书中引用的案例也多源自西方发达国家的运输经济问题。这固然有助于读者对经济学基本原理的把握，但我们也应看到，中国经济的发展，走的是一条西方发达国家未曾经历的新路，因此，中国的运输经济问题有着与西方发达国家不完全相似的社会背景，需要我们投入更多的时间和精力方能剖析机理、探寻真谛。

## 二、运输经济学的未来发展趋势

回顾过去的成就，未来的运输系统必须采用和过去不同的研究方法，因此提出几点未来可能成为运输经济研究的课题作为参考。

### 1. 尽量减少运输管制，并且适当评价其影响效果

事实上，已有很多运输业正在进行此项研究，如美国航空运输已不再接受管制，同时有 108 年历史的美国州际商务委员会也在 1995 年被撤销，被地面运输委员会（Surface Transportation Board）所取代。因此，比较其运输管制前后的影响，明显地能给业者及政府提供改善的建议。

然而，其他政策若是在管制前后同时施行的话，对整个经济而言，运输管制影响的评价便很难进行。但是无论如何，仍应针对运输业解除管制的影响（如开放天空政策、民营化、鼓励民间参与交通建设的 BOT 政策等）进行研究。运输经济学是为运输决策者提供一个关于交通政策对国家各层面影响的重要分析工具。

### 2. 改进运输计划的评价技术

过去在运输效益的衡量上，大多数是以车辆营运成本的降低或旅客时间的节省作为单一计算效益的基础。然而，在大部分贫穷国家或地区，其目标就是希望将其资源运用到其他（除运输以外）更有效率的国家和地区。换句话说，它的目标就是提高国家或该区域的国民生活水准。因此，在多元化的社会之下，有必

要以多准则评价和分析运输计划的可行性。

总之，目前有许多有关运输计划评价的问题仍待进一步研究。然而无论如何，对于运输经济学家和一般经济学家而言，运输专案计划的评估分析仍是一个相当重要的研究领域，以期能将成果应用在运输投资或作为政府从事交通基础设施建设的依据。

### 3. 着重成本估计及各种运输方式需求函数的研究

有关运输成本项目及运输需求资料的细分（Isaggregation）逐渐引起重视，此外，对产出和投入因素的指定（Speification）应受到关注。在有些主要投入因素（如燃料）价格的快速变动下，成本函数也快速产生变化，因此，成本函数的估计对政府在定价及补贴政策方面将有所助益。

然而，在解除管制或自由化的情势下，各国政府相关单位可能减少各种信息的收集，从而使这种需求详细资料的评价方法变得更加困难。由于研究改进模式的形态是一个持续的过程，加上目前有越来越多的经济学家已对这个领域产生相当大的兴趣，因此，预期未来在运输经济模式方面，实质的改进是很有希望的。例如，评估运输系统在供给受限制下的运输需求模式，或采用允许个体有偏好差异的混合罗吉特模式（Mixed Logit Model），就是值得探讨的重要课题。

### 4. 运输经济政策的分析越来越重要

运输政策包括中央以及地方政府对有关税收、补贴及各项管制措施等制定的政策。因为政策往往会因政治因素而改变，因此对于未来的政策，运输经济学家应审慎分析各项政策改变的影响。有些政策分析可能需要成本效率或成本效益分析的技术，其他则可能靠主观判断。无论如何，运输政策分析的主要目的，就是要使施行政策的负面影响降至最低，同时也希望能提高运输政策的可行性。

### 5. 运输安全与风险管理的经济分析

随着各种运输方式数量的成长及国民生产总值的增加，道路将更加拥挤，运输安全的考虑就更为重要。以核能为例，核燃料和废弃物的运送问题，仍是一个值得思考的重要课题。运输安全的经济分析包括风险管理（Risk Managemen）、意外事件的预防及其所需的成本等，必须有精密的计划，以防止意外事件的发生。因此，有必要进行经济分析和法律约束力等方面的研究。

### 6. 运输组织合并问题的研究

美国运输业合并的问题已引起学者很大的广泛关注。特别是对于提倡管制改革的学者而言，有两种合并的方式必须审慎考虑，即不同运输方式间的合并和相

同运输方式的合并，分别说明如下：

（1）相同运输方式的合并（Itramodal Mergers）。目前存在一个问题，就是地区性双占（市场份额由两家人占领）的厂商（Duopoly）是否适当，如市区公车是否可合并成一家来经营等问题。目前学界对一些运输产业是否具有规模经济的问题存在一定争议，因此，也就无法推论由一家规模大的运输公司独家经营更有效率。此外，也没有证据显示合并就存在范畴经济或密度经济的现象。

（2）不同运输方式间的合并（Intermodal Mergers）或复合运输的发展。未来的世界潮流是朝向所谓的复合运输厂商（Integrated Transport Firm）、第三方物流或第四方物流的，且会长期持续下去。由于复合运输公司在效率运价和服务品质等方面具有许多潜在的优点，因此其成长的数量仍是可以预见的，如卡车及货柜复合运输（TOFC 及 COFC）等不同运输方式整合的经验，以及各项背载运输（Piggyback）服务所产生的经济效果将会受到重视。

7. 运输事业朝向合作联盟的趋势

此趋势最主要的意义在于，不同的公司通过合作获取合作伙伴拥有的资源，进而达成共同利益的结合。在最近几十年，各运输产业（如航空公司、海运业、公路汽车业）都存在成立合作策略联盟（Strategic Alliances）的现象，以提升本身的竞争力与扩大市场范围，改进运输业的服务水准。例如，华航于 2010 年 9 月加入天合联盟（Sky Team），使航点从既有的 93 个扩增为 898 个，让乘客享受更便利的服务。政府如何扮演好监督私人企业的角色，以避免垄断的局面同样值得关注。此外，对于运输产业的合作策略联盟的经营绩效及其未来发展的评估工作，仍值得经济学家加以重视。过去四十余年来，新的运输期刊及运输机构成长相当快速，因此，预计未来政府在对运输业不同的经营与管制状态下，将会有许多重要的交通运输建设与决策事件发生，这也为我们在运输经济领域提供一个良好的观察与研究机会。

8. 运输事业实践“社会责任”观念的推广

企业竞争力大师波特（Porte）认为，企业实践其社会责任（Corporate Social Responsibility，CSR）是社会进步的关键，同时，CSR 应是企业策略规划的一部分。因此，运输事业（如航空、高铁、海运、客运业等）同样不能忽视这一只看不见的“道德的手”，不能只重视经济利润，也要承担其法律、公益等方面的社会责任，如此方能使企业永续经营与发展。

综上所述，运输经济领域在国内外的研究，自 20 世纪 70 年代以来，已逐渐受到应有的重视并且发展成为一门独立的学科。因此，国内任何交通运输业的从业人员（运营管理、规划、工程等人员）均须具备运输经济学的专业知识，作出正确的决策与规划，提高社会运输资源的使用效率。

# 第三节 运输经济学的基本原理与方法

## 一、运输经济学的基本原理

运输经济学是从经济学分离出来的一个分支，属于产业经济学的范围。整个经济学的发展，总是带着交通运输经济活动的痕迹。交通运输活动与其他部门的经济活动都是在同一经济学范畴内的经济关系，大多数现象都服从经济学的基本规律和经济理论，因而运输经济学研究的主要原则也同经济学一样。

经济学是研究对有限资源进行社会配置，以实现社会效益或经济利益最大化的学科。与其他学科一样，经济学也存在一些基本原理，这些基本原理是构成经济学的基础，也是运输经济学研究中所要遵循的。

（1）资源使用的交替关系原理。经济学研究的就是稀缺资源的使用。稀缺的社会资源在经济生产活动中的总量是有限的、固定的，当一种资源在某一方面被增加使用时，其他方面就会减少该资源的使用量。经济学教科书常用"大炮和黄油"的例子来说明，要制造更多的大炮时，就要减少黄油的生产，如图 1-1 所示。如果居民花更多的时间工作挣钱，就会减少闲暇的时间，也是同样的原理。

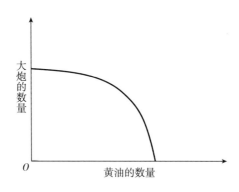

**图 1-1 大炮与黄油的数量关系**

（2）边际决策原理。经济学的边际指的是经济要素增加或减少一个单位而引起的变化。边际决策是指人们对计划的增加或减少进行分析，而不从总量上进行决策的方法。厂商重视边际产量和边际成本、资源利用的边际效率，通过边际成本确定价格；而消费者注意边际效用；政府关心货币的增加和减少、就业率的增减。边际分析是经济研究最基本的思路和方法，它能够进行断面分析，避开了总量分析的困难。

（3）比较优势原理。当两种利益进行比较时，有优势的利益会被选择，无优势的利益会被放弃，在市场中进行交易会使交易双方的状态得到改善，如果其中有一方不能改善，则不会参与交易。比较优势可以在相对的对象中进行，而绝对优势就要在整体中确定，否则就会"一山还比一山高"了。合理的经济决策是比较中的决策，在比较中选择相对优秀的决策方案，这是企业家、个人乃至国家决策的基本方法。

（4）"看不见的手"原理。市场中会形成价格，确定交易数量、社会资源向某一方面流动、实现均衡等，这些现象都是市场主体分散决策而形成的社会共同决策的后果，这些决策犹如有一只"手"在进行控制，这只能够自动调节市场的"手"被称为"看不见的手"，这只"看不见的手"就是每一个主体都在追求自身的利益，而最后汇集成社会共同利益的力量，这就是市场经济的核心——市场行为。

（5）"看得见的手"原理。当市场机制失灵、市场波动过激或者经由市场解决问题代价太高时，政府必然也必须要对市场进行干预。这是现代经济学研究的目的之一，即政府如何管理好经济，是宏观经济学存在的基础。在交通运输经济活动中，政府这只"看得见的手"更是始终存在。

（6）收益递减原理。在技术水平不变、其他要素不变的情况下，随着某一种生产要素投入的增加，每个要素所创造的产品数量不断减少，这种规律称为边际收益递减原理。实际上，边际收益递增是广泛存在的，那是资源未充分利用时的情况，此时的决策就只是增加资源的投入，不需要进行经济学研究。因而，经济学研究只有在边际收益递减时才有意义。

（7）机会成本原理。机会成本是指当把一定的经济资源用于生产某种产品时放弃的另一些产品生产上最大的收益。机会成本是经济学原理中一个重要的概念。在制定国家经济计划中，在新投资项目的可行性研究中，在新产品开发中，乃至在工人选择工作中，都存在机会成本问题。它为正确合理的选择提供了逻辑严谨、论据有力的答案。在进行选择时，力求机会成本小一些，是经济活动行为方式的最重要的准则之一。

（8）生产率差异原理。世界各国生活水平的差别是惊人的。随着时间的推移，生活水平的变化也越来越大。几乎所有生活水平的变动都可以归因于各国生产率（Productivity）的差别。生产率与生活水平之间的关系对公共政策也有深远的意义。在考虑一项政策如何影响生活水平时，关键问题是这项政策如何影响我们物品与劳务的能力。

### 二、运输经济学的研究方法

#### 1. 经济学研究的一般方法

运输经济学研究的主要方法也是采用经济学的基本方法。

（1）局部均衡分析和一般均衡分析。局部均衡分析是假设其他条件不变，分析单一或个别的经济现象，发现其变化规律和均衡关系，并进一步说明在假设条件发生变化时的均衡变化的方法。一般均衡分析是把经济中不同的部分作为一个有机的整体，从相互关系中研究某个部分怎样形成均衡状态和均衡中的经济关系。

（2）静态分析、比较静态分析和动态分析。静态分析主要研究什么是均衡状态和达到均衡状态所需要的条件，而不管形成均衡状态的变化过程和达到均衡状态所需要的时间。比较静态分析主要通过对不同的均衡状态进行比较来发现导致均衡状态变化的因素。动态分析是在一定条件下对某个经济变化随时间因素发生的变化过程以及变化的结果所进行的分析，强调的是变化过程和发现变化的规律。

（3）实证分析和规范分析。实证分析是以已经发生和存在的事实为依据，通过一定的分析工具，寻找规律和原因与结果的关系，得出"是什么"的结论。实证分析的正确与否，可以通过现实情况的变化来判断。

规范分析是在一定的哲学、文化、宗教、道德的前提下，对经济现象进行好、坏的判断，并进行肯定和否定，得出"应该是什么"的结论。

#### 2. 运输经济学研究的方法

运输经济学所研究的对象具有其自身的体系结构和运输生产实践以及运输经济的特点，运输经济学研究需要遵从运输生产的基本规律，结合运输生产的实际，更要根据社会主义市场经济建设的需要。

（1）经济计量分析法。交通运输长期以来被视为国民经济的命脉。西方经济学界有关规模经济计量方法的最新研究动态和存在的主要问题中，提出与运输活动有关的规模经济可以划分成多种不同的类型，包括运输企业规模经济、线路通过密度规模经济、运输工具载运能力规模经济和运输距离经济等，应根据不同的研究目的和需要选用相应的分析工具。

（2）系统理论分析法。交通运输是一个由多种因素组成的系统，但交通运输本身也是社会经济系统的一个子系统，与社会经济的其他部门之间存在着千丝万缕的联系，其内部各因素之间也联系密切，甚至具有相互替代的能力。因此，在运输经济学研究中，不仅要将运输经济作为完整、复杂的有机体，而且要放在国民经济的大系统乃至社会的政治文化、国际经济和政治系统中去分析问题、寻找规律，以系统性的理论进行运输经济研究，从不同的角度分析问题。只有以全局的观点看待运输问题，才能更加全面和准确地了解和掌握运输经济的本质和内在规律。

（3）比较分析法。在运输经济学研究中不仅要结合我国的交通运输实践和社会实际，还要重视其他国家的运输实践，学习和了解别人的运输经济研究成果和经验总结，吸收先进的成果和精神财富。通过对交通运输发达国家的研究，吸取他人的经验和总结他人的教训，使我们少走弯路，提高我们的发展速度和资源利用率。比较必须要有分析，要取其精华、去其糟粕，防止盲目照搬。

 问题与思考

1. 你觉得你身边有哪些经济问题需要进行理论分析和研究？

2. 有哪些经济问题与经济学原理有关系？对这些问题的研究对你有意义吗？

案例分析

**集装箱运输业的流程创新**

中远集装箱运输有限公司，简称中远集运，是中国远洋运输集团（中远集团）所属专门从事海上集装箱运输的核心企业。经营范围主要包括：国际、国内海上集装箱运输、接受订舱、船舶租赁、船舶买卖、船舶物料、备件、伙食、燃油的供应，与海运有关的其他业务以及陆上产业，国内沿海货物运输及船舶代理，通信服务，船员劳务外派业务，仓储、货物多式联运。

中远集运目前拥有120艘标准箱位集装箱船，总箱位逾23万标准箱，年箱运量达到400万标准箱。运力排名世界前列，箱运份额约占全球总额的4.2%；国内排名第一，箱运份额占8%。开辟了20多条全球运输主干航线，船舶挂靠世界上100多个重要港口。集装箱运输业务遍及全球，其影响力辐射至五大洲各交通枢纽和经济热点地区。

通过流程创新，中远集运形成了加船减速和减船加速的航线运力配置方式。在国际燃油价格高涨的 2012～2013 年，中远集运选择加船减速，以船舶代燃油，从而获得成本优化的可能；而到了 2015 年，随着国际燃油价格的回落，在部分需求旺盛的货运市场，中远集运选择减船加速，以燃油替代船舶，加速船舶周转，从而获得成本优化的可能。

 案例讨论

1. 中远集运如何使资源替代成为可能？
2. 流程创新对运输业有什么意义？

# 第二章　运输需求

## 第一节　运输需求概述

现实中，在多个商品产地和销地并存而且有多种可替代运输方式的情况下，运输需求以及运输市场上的供求均衡都会呈现十分复杂的状态。运输需求是人们对于所接受运输服务的支付意愿，它不仅反映了这种意愿，同时也反映了这种意愿随运输价格或成本水平而发生的变化。

### 一、需求的概念

#### 1. 需求的基本概念

运输经济学过去似乎有一个传统，就是主要从作为供给方的运输企业角度进行运输经济分析。这当然是有一定道理的，但也容易对需求方的真正特点和意愿认识不足，甚至有把供给方的意愿强加给对方的倾向，这不利于更客观地认识和了解运输经济问题。因此，我们从运输需求角度开始分析。

运输需求理论是从微观经济学的消费者需求理论发展而来的。在微观经济学中，需求（Demand）是指当其他条件相同时，在某一价格水平下，消费者愿意并且能够购买的商品数量。在某一价格下，消费者愿意购买的某一物品的数量称为需求量。在不同价格下，需求量会不同。因此，在其他条件相同时，一种物品的市场价格与该物品的需求数量之间存在着一定的关系。这种关系若以图形来表示（见图 2-1），便称为需求曲线（Demand Curve）。在需求曲线中，每一个价格水平都对应着一个需求量。需求曲线有一种明显的特征，即需求定律。需求定律（the Law of Demand）指的是当一种商品的价格上升时（同时保持其他条件不变），购买者便会趋向于购买更少的数量；同理，当价格下降，其他条件不变时，对该商品的需求量会增加。需要注意的是，可以影响需求量的因素多如天上繁星，而价格只是其中之一。例如，春运期间，汽车票的价格上升，但其需求量也增加了。这种现象并没有推翻需求定律：汽车运输的需求量上升，并不是因为其价格上升，而是因为春节人们要回家。

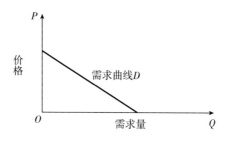

图 2 - 1　需求曲线示意图

2. 需求量的含义

需求量是指在某一价格下消费者意图购买的商品、服务的数量。此外，需求量只是"意图"的概念，不是事实，也无从观察。这与运输市场中的成交量（运输量）是两回事。成交量是事实，是可以观察到的：一样物品的购买量与出售量永远相同，二者是同一回事，只是从成交量的不同视角来看罢了。因此，切勿混淆"需求量（某一价格条件下的需求量）"和"运输量（需求和供给相互影响下的实际成交量）"。对于运输来说，运输量的大小当然与运输需求的水平有着十分密切的关系，但运输量本身并不能完全代表社会对运输的需求，因为运输量还取决于运输供给状况。

此外，还要注意，"需求量"与"需求"是不同的概念。前者是因价格变动而变动的，而后者的变动是由价格之外的其他因素引起的。春运期间（是个变量），人们回家的意愿影响了"需求"，使整条需求曲线向右移动。因为这种移动，需求量也就增加了，但这种增加并不是由价格变动引起的。很明显，要以需求定律来表达公路票价与公路运输需求量的关系，我们必须假设分析的时期不变。

3. 需求量的变动与需求变动的区别

需求的变动是指在商品本身价格不变的情况下，由于其他非价格因素的变化所引起的需求的变动。需求的变动所涉及的需求函数公式为 $D = f(a, b, c, d, \cdots, n)$，公式中自变量排除价格因素。从需求看，需求的变动不是同一需求中价格—需求量组合移动，而是整个需求的变化。从需求曲线看，需求的变动表现为整条需求曲线的平行移动：需求增加导致需求曲线向右移动，需求减少导致需求曲线向左移动。

需求量变动是指由于价格变动引起的消费者愿意并且能够购买数量的变动，需求的变动是指除价格以外的其他因素变动引起的消费者在每一可能的价格下所有需求量的变动。需求量的变动表现为在同一条需求曲线上的移动。二者的区别如下。

如图 2 - 2 所示，需求量变动和需求变动的含义不同：需求量是在某一时期内，在某价格水平上，商品价格的变动引起消费者购买的商品数量的变动，我们称之为需求量的变动，它表现为需求曲线上的点的移动（如由 $a$ 点移动到 $b$ 点）；而需求是在一系列价格水平时的一组购买量，当商品价格之外的因素变化引起购买数量发生变化时，我们称这种变化为需求变动，它表现为需求曲线的移动（如需求曲线 $D$ 移动到 $D'$）。当所要购买的数量在每一价格水平增加（或减少）时，称为需求增加（或需求减少）。切勿混淆"沿着曲线的移动"（需求量的变动）和"曲线的移动"（需求的变动）。区别的关键在于价格变动时其他条件是否保持不变。

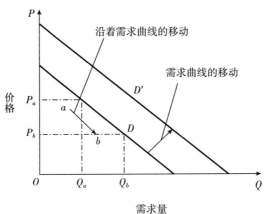

图 2 - 2　运输需求与价格的关系

## 二、运输需求的概念

### 1. 运输需求的概念

运输需求是指一定时期内国民经济和社会发展对运输业运送货物和旅客的要

求。需要说明的是，需求（Demand）与需要（Need）是两个不同的概念。从经济上讲，有支付能力的需要，构成对商品或服务的需求。引申到运输领域，运输需求（Transport Demand）是在一定的时期内、一定的价格水平下，社会经济生活在货物与旅客空间位移方面所提出的具有支付能力的需要。同需求一样，具有实现位移的愿望和具备支付能力是运输需求的两个必要条件。由于交通运输具有社会服务的性质，因此，我们认为它应该满足的是社会"需要"，而不仅仅是市场"需求"，单纯依靠以简单盈利为目标的市场力量是不足以满足对交通运输领域更加宽泛的社会标准和要求的。

运输需求分析研究的是运输需求曲线所在的位置、曲线斜率以及曲线在何种因素影响下左移或右移的程度。由于运输市场是十分复杂的，因此运输需求分析的难度也很大。从运输市场是"一组运输服务"的概念来看，根据分析问题的需要，现实中存在着各种各样从很小到非常大的运输服务的组合，因此运输市场的种类几乎是无穷尽的，而每一组这样的运输服务都对应着一条自己的需求曲线。

2. 运输需求产生的原因

旅客运输需求来源于生产和消费两个不同的领域。与人类生产、交换、分配等活动有关的运输需求称为生产性旅行需求。以消费性需求为旅行目的的运输需求可称为消费性旅行需求。从经济意义上讲，这两种旅行需求的性质是不同的。生产性旅行需求是生产活动在运输领域的继续，运输费用进入产品或劳务成本。消费性旅行需求是一种消费活动，其费用来源于个人消费基金。

汤普森（1974）曾经把现代社会的人为什么"需要"交通运输归结为以下七个原因：

（1）自然资源分布具有非均衡性，这意味着任何一个地区都不可能提供当地居民所需要的全部物品，因此需要运输来使不同地区之间互通有无。

（2）现代社会的高度物质文明依赖于专业化分工，而大工业既需要从各地获得多样化的原材料，也需要为自己的产品去开拓远方市场。

（3）优良的运输系统有助于实现由技术革新、自动化大批量生产与销售以及研究与开发活动支持的规模经济。

（4）运输还一直承担着重要的政治与军事角色：对内而言，一个国家需要良好的运输系统以支持有效的国防和政治上的凝聚力；对外而言，强大的运输能力是一个国家强盛的重要标志。

（5）良好的交通是增加社会交流与理解的基础，并有助于解决由于地域不同而产生的问题；对于很多不发达国家，提供基本的交通条件还是解除一些地区封闭状态的首要途径。

（6）交通条件的改善使人们在自己的居住地点、工作地点与日常购物、休闲地之间可以做出选择和安排，这在很大程度上影响了人们的生活方式。

（7）现代交通有助于国际文化交流，可以方便人们了解其他国家的文化特点，并通过国际展览、艺术表演、体育比赛等方式向国外展示本国文化。

### 三、运输需求的特点

运输需求的主要特点有：①需求内容的多样性。各运输对象对数量、质量及安全、迅速、方便、经济、舒适等方面有多种需要。②需求增长的波动性。它受工农业生产发展水平、经济结构和产业结构变动、生产力布局调整和生产专业化发展、人口增长及其消费水平提高和消费结构变化、运输条件变化等因素的影响，波动频繁。③需求在时间和空间上分布的不均衡性。分析运输需求状况及其变化是进行运量预测和运输业规划建设的重要依据。

与其他商品的需求相比，运输需求主要具有以下特点：

1. 派生性

运输需求总体上是一种派生性需求而非本源性需求，这是运输需求的一个重要特点。所谓派生性需求（Derived Demand），是指一种商品或服务的需求是由另一种或几种商品或服务的需求派生而来的，是由社会经济中的其他活动所引发出来的一种需求。人们希望旅行，一般是为了在最后的目的地能得到某些利益，因此，旅程本身要尽可能的短或快捷。自然，也有"爱驾车兜风者"，但他们总是少数。同样，货物运输的使用者把运输看成他们总生产函数中的成本，因此，会尽量设法使之减少。显然，货主或旅客提出位移要求的最终目的往往不是位移本身，而是为了实现其生产、生活中的其他需求，完成空间位移只是中间的一个必不可少的环节。

以煤炭运输为例，如图 2-3 所示，A 地是煤炭产地，B 地是煤炭销售地。这是一个最简单的运输供求关系，即只有唯一的货物种类——煤炭，同时也只有唯一的货运始发地和唯一的到达地，两地之间有煤炭经销商把 A 地生产的煤炭运到 B 地销售，图 2-3 中的价格和供求数量都是象征性的。当然可以将货物的种类想象成其他原材料或消费品，甚至也可以把 A 地与 B 地分别想象成人们的居住地点和度假旅游地，从而用这个例子说明客运需求。

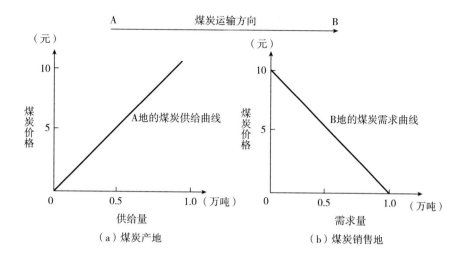

**图 2-3 产销两地的煤炭供求**

图 2-3（a）是产地 A 的煤炭供给曲线，我们把它画成最简单的直线形式，表示供给量随价格的上升而增加。该供给曲线的数学公式为：

$$Q = 1000 P_A \qquad (2-1)$$

式中，$Q$ 为煤炭供给量，$P_A$ 为煤炭产地价格。该式表示价格每上升 1 元，A 地的生产厂商就愿意增加 1000 吨的供给量。

图 2-3（b）是销售地 B 的煤炭需求曲线，我们也把它画成最简单的直线形式，表示需求量随价格的上升而减少。该需求曲线的数学公式为：

$$Q = 10000 - 1000 P_B \qquad (2-2)$$

式中，$Q$ 为煤炭需求量，$P_B$ 为煤炭销地价格。该式表示价格每上升 1 元，B 地的消费者就要减少 1000 吨的需求量。

由于 A 地与 B 地是分离的，A 地的煤炭供给要变成 B 地的煤炭消费，必须依靠煤炭运输。我们上面给出的 A 地煤炭产地价格中不包含煤炭运输的价格，而 B 地的煤炭销地价格中显然包括了煤炭的运输价格，因此 A 地与 B 地之间存在着一个煤炭的价格差。我们假定该价格差仅仅是由于煤炭运输造成的，可以想象出，在产销地供求曲线已经分别确定的情况下，从 A 地运往 B 地的煤炭数量，取决于煤炭的运输价格。运价越低，两地间的煤炭价格差越小，相对较高的产地收购价可以鼓励产地的厂商多生产煤炭，而较低的销地价格则鼓励消费地的客户多消费煤炭；当运输价格为零时，两地的煤炭价格完全相同，此时煤炭的运输数量是最大的。运价越高，所引起的情况则正好相反。从图 2-3 中可以看出，当运输价格为零时，A 地的厂商在 5 元的煤炭产地价格下愿意提供 5000 吨煤炭，这正好与 B 地消费者在 5 元的煤炭销地价格下愿意消费的 5000 吨煤炭相等，此时两地煤炭的供求正好达到均衡状态。从式（2－1）和式（2－2）的联立求解中我们也可以得到完全一样的结果。

如果煤炭运输价格上升到 2 元，此时煤炭经销商就会提高 B 地的销售价并同时压低 A 地的收购价，以消化上升了的运输价格，而两地价格的变化当然会引起供求数量的变化。在这个例子中，B 地的销售价提高到 6 元，需求量相应地减少到 4000 吨，A 地的收购价压低到 4 元，而供给量也相应地减少到 4000 吨，两地煤炭的供求再一次达到均衡状态。

煤炭运输价格的数学公式为：

$$P_T = P_B - P_A \tag{2－3}$$

式中，$P_T$ 为运输价格。把式（2－1）、式（2－2）和式（2－3）结合起来，我们就可以得到本例的运输需求公式：

$$Q = 5000 - 500 P_T \tag{2－4}$$

表 2－1 是运输价格分别定为 0 元、1 元、2 元、…、10 元时，煤炭的销地价格、产地价格和运输数量，这些煤炭运输数量也是 A、B 两地在各个均衡状态上的产销数量。

表 2－1　衍生的煤炭运输需求计算

| 运输价格（元） | 煤炭产地价格（元） | 煤炭销地价格（元） | 需求量（吨） |
|---|---|---|---|
| 0 | 5 | 5 | 5000 |
| 1 | 4.5 | 5.5 | 4500 |
| 2 | 4.0 | 6 | 4000 |
| 3 | 3.5 | 6.5 | 3500 |
| 4 | 3.0 | 7 | 3000 |
| 5 | 2.5 | 7.5 | 2500 |
| 6 | 2.0 | 8 | 2000 |
| 7 | 1.5 | 8.5 | 1500 |
| 8 | 1.0 | 9 | 1000 |
| 9 | 0.5 | 9.5 | 500 |
| 10 | 0 | 10 | 0 |

我们把表2-1第一列和第四列的数字转换到坐标图上，就可以得到这是一条煤炭运输需求随运输价格变化的曲线（见图2-4）。从形式上看，运输需求曲线与一般服务的需求曲线没有什么不同，也是一条向右下方倾斜的曲线，即随着价格下降，需求逐渐增加。然而，我们通过上面的例子已经知道运输需求是衍生出来的，很显然，如果图2-3煤炭供给与需求增加（两条曲线分别向右方移动），那么图2-4中的煤炭运输需求曲线的斜率也取决于图2-3中煤炭需求曲线和煤炭供给曲线的情形，如果煤炭的需求和煤炭的供给是更有弹性的（曲线分别变得更为平缓），那么煤炭的运输需求自然也会更具有弹性。这实际上很清楚地告诉我们，运输需求取决于社会经济中其他活动所提出来的对货物或旅客在空间位移的需要，其他种类和客运的需求曲线我们也可以类似地进行分析，例如在旅游客运中，运输需求大体上取决于人们支付运价的意愿和度假地点各种相关服务的价格。

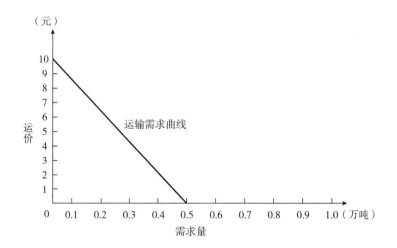

**图2-4 衍生的煤炭运输需求曲线**

从这个例子中我们还知道，运输价格越低，产销两地之间的价格差别越小，因而运输需求越大；极端地看，如果运输是免费的，那么意味着运输极为方便，产销两地之间的价格没有差别；运价越高，意味着消费者必须承担较高的销地价格，而生产者则必须接受较低的产地价格，这显然不鼓励产品的消费与生产，因而运输需求也越小；运输价格水平高到一定程度以上，该产品的运销就不再具有经济性，运输就不会发生，地区之间则处于隔绝状态。因此，我们很容易得出这样的结论：随着交通运输条件的改善，运价不断降低，从而鼓励不同地区之间的客货交流；由于运输条件落后，运输价格过高，从而阻碍地区之间的客货交流。

2. 广泛性

运输需求产生于人类生活和社会生产的各个角落，运输业作为一个独立的产业部门，任何社会活动都不可能脱离它而独立存在，因此与其他商品和服务的需求相比，运输需求具有广泛性，是一种带有普遍性的需求。

3. 多样性

货物运输服务提供者面对的是种类繁多的货物。承运的货物由于在重量、体积、形状、性质、包装上各有不同，因而对运输条件的要求也不同。在运输过程中，必须相应地采取不同的技术措施。对旅客运输需求来说，对服务质量方面的要求也是多样的。这是由于旅客的旅行目的、收入水平、自身身份等不同，所以对运输服务质量（安全、速度、方便、舒适等）的要求必然呈多样性。

4. 空间特定性

运输需求是对位移的要求，而且这种位移是运输消费者指定的两点之间带有方向性的位移，也就是说运输需求具有空间特定性。例如，农产品产地在 A 地，而市场在城市 B，这就决定了农产品的运输需求必然是从产地 A 到城市 B 的带有确定的空间要求。又如，建于 1937 年的美国旧金山的金门大桥是世界上最大的单孔吊桥，也是世界上最繁忙的大桥之一，现在每天有 10 万辆汽车通过。它本来有 8 车道的宽阔道路，4 车道去，4 车道来，俗称 "4＋4" 模式，但建成不久就出现堵车严重的情况。人们发现，每天的不同时段车流在左右两个半幅路面的分布是不均匀的，高峰时经常出现半边拥堵半边闲的景象（上下班的车流高峰正好相反）。于是，一个加拿大的年轻人给他们提了一个建议：将现有的 "4＋4" 模式按不同时段的交通流量调整为 "6＋2" 模式和 "2＋6" 模式，以适应不均匀的来往需求。这一简单的改变，竟使严重的堵车问题迎刃而解。

对于货运来说，运输需求在方向上的不平衡性更为明显，特别是一些受区域分布影响的大宗货物如煤炭、石油、矿石等，都有明显的高峰方向，这体现了货物运输在方向上的空间特定性。

5. 时间特定性

客货运输需求在发生的时间上有一定的规律性。例如，周末和重要节日前后的客运需求明显高于其他时间，市内上下班时间的交通高峰期的客运需求也高于其他时间；蔬菜和瓜果的收获季节也是这些货物的运输繁忙期。这些反映在对运输需求的要求上，就是时间的特定性。运输需求在时间上的不平衡引起运输生产在时间上的不均衡。时间特定性的另一层含义是对运输速度的要求。客货运输需求带有很强的时间限制，即运输消费者对运输服务的起运和到达时间有各自特定的要求。从货物运输需求看，由于商品市场千变万化，货主对起止的时间要求各不相同，因此各种货物对运输速度的要求相差很大；对于旅客运输来说，每个人的旅行目的和对旅行时间的要求也是不同的，如在每天的上下班时间，特别是雨雪天的上下班时间，出行者对出租车有较大的需求，在其他时段对出租车的需求则减小。

6. 部分可替代性

不同的运输需求之间一般来讲是不能互相替代的，如人的位移显然不能代替物的位移，由北京到兰州的位移不能代替由北京到广州的位移，运水泥也不能代替运水果，因为这明显是不同的运输需求。但是，在另一些情况下，人们却可以对某些不同的物质位移做出替代性的安排。例如，煤炭的运输可以被长距离高压输电线路的输电替代；在工业生产方面，当原料产地和产品市场分离时，人们可以通过生产力布局的确定在运送原料还是运送生产成品或半成品之间做出选择。人员的一部分流动在某些情况下也可以被现代通信手段所替代。

# 第二节　运输需求函数及需求弹性

## 一、运输需求函数

为了定量研究运输需求与各个影响因素的关系，需引入运输需求函数的概念。运输需求函数是用函数形式表示运输需求量与影响因素之间的数量关系。

运输需求的大小通常用运输需求量来描述，运输需求量是指在一定时间、空间和一定的条件下，运输消费者愿意购买且能够购买的运输服务的数量。根据研究目的和范围的不同，可对运输需求量进行以下划分：从时间上来说，可以是一年、一个季度、一个月等的运输需求量；从空间上来说，可以是一个国家、一个地区、一条路线或一个方向的运输需求量；从运输方式上来说，可以是各种运输方式的总需求量，也可以是某种运输方式的需求量；在运输对象上，可以是总货运输需求或分货种的运输需求或客运需求等。"一定的条件"是指影响运输需求因素的诸多因素，如工农业生产规模和速度、资源分配及生产力布局、运输服务价格、人口等。

运输需求量可以表示为影响它的诸多因素的函数：

$$Q = f(p, a_1, a_2, \cdots, a_n) \tag{2-5}$$

式中，$Q$ 为运输需求函数；$P$ 为运输服务价格；$a_1, a_2, \cdots, a_n$ 为除了运价以外的其他影响因素。

式（2-5）是运输需求量的一般表达式，但这种需求函数仅是运输需求函数的抽象形式，并没有表现出自变量与运输需求量之间的具体数量关系，只有通过经济分析和数量分析，才能得到可以实际应用的运输需求函数。这一过程主要有以下几个步骤：

（1）通过分析选择最重要影响因素引入需求函数。如前所述，影响运输需求的因素很多，各影响因素之间又相互联系，应根据运输需求分析的目的，精选能量化的最重要的影响因素作为需求函数的自变量。

（2）用适当的指标将引入需求函数的影响因素量化。如经济发展水平、居民生活水平、运输服务价格等必须用相应的指标表示，确定运输需求函数的自变量。

（3）自变量数据的取得与处理。数据的取得既可通过查找历史统计资料，也可通过适当的经济推算。由于有些数据的统计口径、指标范围、指标含义等不同，它们必须经过加工处理才能用于需求函数的建立。

（4）参数估计。用取得的自变量、因变量数据，通过数学方法，对需求函数中的各参数进行估计，得到运输需求函数，并对其进行统计检验。

（5）用已有的需求函数进行运输需求分析预测。

（6）对已有运输需求函数进行实际检验，并根据具体情况加以修正。

**二、运输需求曲线**

运输需求曲线是假定在运输服务价格以外的其他因素均保持不变的条件下，反映需求量与价格之间关系的曲线。在一般情况下，如果运输服务的价格下降，则需求者对于运输的需求量将会增加；反之则减少。如图 2-5 所示，曲线 DD 表示除价格外其他条件不变的情况下的需求曲线。需求量的变动是指运输需求对于运输需求量因运价涨落而发生的变化，其变动是沿一条既定的需求曲线从某一点移至另一点。当运价以外的其他因素发生变化时，也会导致整条需求曲线发生变动，如需求量增加，则曲线 DD 移至 $D_1 D_1$ 处；需求量减少，则曲线 DD 移至 $D_2 D_2$ 处。

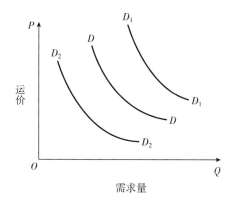

图 2-5 需求量与运价的关系

有了运输需求曲线，就可以研究运输需求量的变化。

运输需求量与运输需求是两个不同的概念。运输需求不表示确定的某个数量，而表示需求量与运价之间的对应关系的总和。给定这样一个运输关系，可描绘出一条运输需求曲线。运输需求量则表示在某一确定的运价水平上，消费者愿意购买的运输服务的确定价格，它对应于需求曲线上的一点。当非价格因素不变时，由不同运价水平下的不同需求量构成一条曲线表示一种运输需求，在这条运输需求曲线上，不同点的运价是不同的，但非价格因素是相同的。换句话说，即当非价格因素变化时，运输需求曲线将产生位移，这种由非价格因素变化引起的曲线的移动就是运输需求的变动。如果运输需求发生了变化，即使价格不变，运输需求量也会发生变化。

如果用数学语言描述，运输需求的变动是需求函数的参数发生了变化，是曲线的移动，如图 2-6 所示；运输需求量的变动则是一定函数关系下，自变量引起的因变量的变化，是在一定曲线上的移动，如图 2-7 所示。

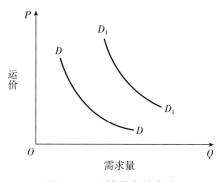

图 2-6 运输需求的变动

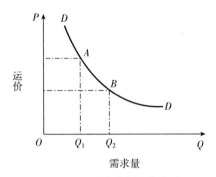

图 2 - 7　运输需求量的变动

### 三、运输需求的影响因素

在运输需求函数中，客运需求和货运需求分别有各自的影响因素。

1. 影响客运需求的主要因素

（1）人口数量及构成情况。客运需求的变化与人口数量呈正比关系，人口数量的增加必然会带来客运需求的增加。城市的客运需求要比农村高出许多，我国目前城市化进程的加快必然会带来更大的旅客交通压力。人口的年龄组成、性别组成、文化程度构成也会对客运的需求产生不同程度的影响。

（2）居民收入水平。运输需求的产生基础在于移动的需要，但必然需要居民有支付能力的支持。人均收入指标所反映的居民生活水平高低对于客运需求的影响很大，居民经济收入的提高必然会带来更大的探亲访友、旅游观光以及文化娱乐等方面的出行需求。

（3）工农业生产的发展。工农业生产的发展将会带来公务、商务出行的大量增加，由此带来客运需求的大量增加。近年来，随着我国经济的高速增长，地区之间、城乡之间、产销之间的联系日益频繁，人员往来不断增加，客运需求增加相当迅猛，特别是农村运输条件的改善在很大程度上也促进了农村经济的发展。

（4）人口的地区流动。近年来，我国由人口地区流动带来的运输压力日益增大。农民工进城打工形成的人口跨地区流动，这种客运需求表现出了极强的时间特征和地域特征。

2. 影响货运需求的主要因素

（1）运价水平。

1）货物的运价弹性。对货运市场进行需求分析的意图之一，是想确定某一种或几种运输方式的运输需求对于运输价格变化的弹性，甚至有学者认为这是运输需求分析重要的目的，比预测总的运输需求更有实用价值，因为在现实中运输企业需要根据对运输弹性需求的分析决定自己在运输市场上的价格水平，政府也需要掌握诸如社会运输需求对提高燃油税措施的反映程度等动向。

在我们进行需求弹性分析时，每一种货物运输由于运输对象、地理条件和其他种种因素的影响，其真正的需求弹性是非常复杂的，不同的人从不同角度或使用不同的分析方法都可能得出不同的结果，因此要想十分准确地计算任何一组运输需求的价格弹性都是几乎不可能的，我们只能从大体上去把握每一种运输需求弹性的变化范围，并进行必要的比较。当某一条特定运输线的运价水平发生变动，它所影响的可能不只是该条线路上的运输量，所有有关的产品供给地都会重新调整自己最适合的运输终止地点，也就是说，所有可能的始发到达地的产品供给曲线和需求曲线都会对新的运输均衡产生影响。因此，我们在运输领域应用一般经济分析方法时应该比较谨慎，要注意运输需求对价格的敏感反应往往不是体现在货运吨数的增减或者运输方式之间的转移上，而是体现在运输距离的远近上。

2）货运的非价格成本。有些必须考虑的影响因素是"运输的非价格成本"（Non‑rate Cost to Transport）或"非价格的运输成本"，我们也可以把它称为"附加的用户成本"。运输的非价格成本本身不是运输价格的组成部分，但是一旦发生这种成本并且其水平达到某种高度，那么它所起的作用与提高运价水平是相似的，也会减少运输需求（或者使运输需求曲线向左移动）。

某些产品属于易腐坏、易破损或易被偷盗丢失的货物，那么在运输这些产品时，货主就需要多付出额外的费用。运输是需要时间的，而在市场经济中"时间就是金钱"的概念已经被普遍接受。在运输过程中的货物对货主来说有相应在途资金问题被占用的问题，货物本身价值越高，运输所耗费的时间越长，被占用资金所需付出的代价（至少等于同期的银行利息）就越大，而这笔代价也是由运输引起但不包括在运输价格中的。另外，在市场经济还不完善的情况下，很多货主在运输中受到承运方工作态度或服务水平较差的影响，如不能按合同提供运输车辆、运输被延误、货物出现不应有的损害或灭失、出现责任事故后不能及时得到应有的赔偿等情况时有发生，这些情况给货主带来的损失显然也是运输的非价格成本。无论是上述的哪一种情况，运输的非价格成本越高，运输需求就越受到限制。

（2）经济发展水平与产业结构。

1）经济发展水平与货物需求。货物运输需求是派生需求，这种需求的大小取决于经济发展水平。各国在不同经济发展阶段对运输的需求在数量和质量上有很大区别。从西方发达国家的交通运输发展过程看，手工加工工业时期，开采业和原材料对大宗、散装货物的需求急剧增加；到机械加工工业发展时期，原材料运输继续增长，但增长速度已不如前一期，而运输需求开始多样化，对运输速度和运输质量方面的要求有所提高；进入精加工工业时期，经济增长对原材料的依赖明显减少，运输需求在质量方面的增长速度放慢，但运输需求越发多样，在方便、及时、低损耗等运输质量方面的需求越来越高。出现这些现象的深层次原因是经济的发展使人们更为富裕，人们的消费行为也发生了改变，由需求弹性较低的货物转向需求弹性较高的货物，或是由农产品转向制造业产品及服务业的服务。因此，对产业结构而言，也会因消费者消费取向的不同而有所转变；在产业结构因经济发展而改变时，会出现货物种类和运输服务特性的改变，从而使货运需求发生变化。根据经济学理论，专业分工越细，经济规模效应越容易得到发挥，从而可以降低生产成本，但相对而言，专业分工的细化也导致了运输成本的增加。当某一地区的产业结构变得更为复杂或单纯化时，会影响到区域（包括境内、入境与出境）货运量，并对区域间货运量分布的形态产生影响。

在运输需求分析中，最大的一组运输服务应该是把一个国家所有的货运吨公里加总在一起，即把所有不同始发与到达地点之间、通过不同运输方式、不同批量和不同品类的货物位移加总的合计。

2）运输需求的地区不平衡性。我国货运需求层次具有地区分布不平衡性。首先，我国国土面积广大，地区资源分布不均，如中西部主要是大量能源、原材料的产地，东南部主要集中的是加工产品的生产，于是我国各地区由于货物产品的不同，拥有着不同的货运需求层次。其次，区域经济发展不平衡带来货运需求层次地区分布不均，如西部地区的经济发展落后于东部沿海，人民消费水平也较低，产品的生产及需求不如东部地区多样，因而西部的货物运输需求层次比较单一，而东部就相对要复杂得多。

3）货运消费者对载运工具的选择。我们来分析一下货运需求变化时运输消费者对载运工具的选择。对于运载工具来说，都有一定的装载容积以及相对较"经济"的装载量，运输者必须保证运送的货物达到一定的装载量以及满足运输工具一次的装载能力。但对于商品的生产者（货运消费者）来说，装载量越大，其产品的存储数量和时间也越大或越长，而产品存储所造成的成本显然也会越高。如果产品的价值较低且市场需求较稳定，那么充分利用载运工具能力能够显著地降低成本而又不会带来其他成本的大幅度增加；而对于一些单位价值很高、市场需求变化很快的产品来说，过长时间或过大数量的存储显然是不经济且存在极大市场风险的。此时，那些装载容积较小、相对灵活方便的运输工具，特别是卡车的优势就体现出来了，因为它们可以随时启运，大大减少产品的储存成本。所以，产品生产地对运输需求的影响还应该包括存储和装载方面的考虑。极端的情况是适时制生产组织方式的情况，一些汽车公司首先采用了这种生产组织方式，使每一个前方生产者的加工品正好在下一个生产者需要的时候直接供应到位，以最大限度地减少不同工序、车间或分厂之间原材料、零配件及半成品的储存量，甚至做到"零库存"。为了适应这种适时制的生产组织方式，运输组织也必须做到非常及时准确，因为假如某项供应一旦不能做到及时到位，就可能引起整个生产链停顿的严重后果，而某项供应提前到位也会引起不必要的存储，达不到适时制的目标。这种生产组织的变化对运输服务的可靠性提出了空前的要求，因此比较可靠的运输方式被用户青睐，而对那些运输组织环节复杂、市场出现运输延误的运输方式，其运输需求就可能下降。

4）不同运输方式的发展。如果把总的货物运输需求拆分到不同运输方式，我们就可以看到比总量略微具体一些的运输需求。在目前的几种主要运输方式中，铁路、公路、水运和管道承担了大部分货物运输，航空货运正在崛起，但从承担的运输总量来看相对还比较小，即使在航空运输最发达的国家，航空所占的货运比例也很小。

（3）运输需求偏好。

1）发货人对运输企业的要求。运输服务质量对运输需求是有实际影响的。然而，对于经济计量分析来说，运输质量的概念目前很难发挥更多的作用，原因在于很难给出运输质量的准确定义并进而收集到能够进行定量分析的实证证据。每一种运输服务都存在着很多方面的特点，对某些发货人来说运输能力的大小可能是最重要的，对另外一些发货人来说运输速度可能更重要，第三类发货人可能更看重运输的可靠性（包括正点服务），还有很多发货人可能对承运人形象和服务态度十分注重，等等。

2）自备运输问题。在经济生活中还有一种现象，就是尽管专业受雇运输公司的能力越来越大，服务也不断改善，但还有很多一般的工商企业保留了自备运货车或车队。也就是说，这些企业或多或少要把一部分运输能力控制在自己手里，除了必需的内部运输和短途接运，有些还要用于完成中远距离的运输任务。

这种情况在各国都很普遍。这是因为对于企业而言，只要专业运输公司的服务尚无法在这些方面超过自备车辆，就算运价再低，对运输质量越来越挑剔的客户来说还是要自己有所准备。

**四、运输需求弹性**

*1. 需求的价格弹性*

运输价格所包括的内容大大超过以车票或货运费形式支付的简单货币成本。在运输模型以及定量研究中，价格的其他组成部分（如时间成本、不安全等）可能结合起来形成一般化的成本指数，但这里我们要把注意力集中在货币价格上，特别是把注意力集中在运输工具的使用者对于运输服务价格的敏感性上。根据微观经济学理论，需求的价格弹性（Price Elasticity of Demand）简称需求弹性，其计算公式如下：

$$e_d = -\frac{\Delta Q/Q}{\Delta P/P} \qquad (2-6)$$

式中，$e_d$为需求弹性，$Q$和$\Delta Q$为需求量及其变动量，$P$和$\Delta P$为运价及其变动量。对于商品或服务的不同弹性程度，我们有不同的称呼：

当$e_d = 0$时，我们称之为完全无弹性，此时，价格的变动对需求量无影响；

当$0 < e_d < 1$时，我们称之为缺乏弹性或无弹性，此时，价格的变动对需求量的影响较小，价格上升可以增加供给者的总收入（价格乘以需求量）；

当$e_d = 1$时，我们称之为单位弹性或单一弹性，此时，价格的变动对供给者的总收入无影响；

当$1 < e_d < \infty$，我们称之为富有弹性，此时，价格的变动会引起需求量更大的波动，价格上升会导致供给者总收入的下降；

当$e_d = \infty$时，我们称之为完全弹性或完全有弹性，此时，需求量对价格极其敏感。

使价格一般化显然很困难，尤其是要包括全部运输方式时更是如此。但在许多情况下，似乎很明显，某种限度之内的价格变化对于旅行或运输服务的需求数量只有较小的影响。举例来说，货物船运的需求没有什么弹性，部分是由于船运服务缺少近似的替代物，部分是因为对经常运载的原料的需求无弹性，还有部分是因为运费在货物最终的售价中所占的比重较小。

*2. 需求价格弹性的计算方法*

需求价格弹性的计算方法可采用以下两种：

（1）点弹性。点弹性是运输需求曲线上某一点的弹性$\varepsilon_d$，即：

$$\varepsilon_d = \lim_{\Delta P \to 0} E_d = \lim_{\Delta P \to 0} \frac{\Delta Q/Q}{\Delta P/P} = \frac{\mathrm{d}Q \times P}{\mathrm{d}P \times Q} \qquad (2-7)$$

如果运输曲线为直线，如图 2-8（a）所示，则 $M$ 点的点弹性$\varepsilon_d = \dfrac{BN}{AN}$；如果运输需求曲线为曲线，如图 2-8（b）所示，过 $N$ 点的切线为 $AB$，则 $\varepsilon_{PN} = \dfrac{BN}{AN}$。如果给定运输需求曲线的方程，就可以很方便地求出某点的点弹性。

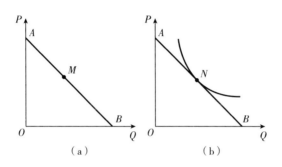

（a）  （b）

**图 2-8 运输需求量弹性**

（2）弧弹性。弧弹性为运输需求曲线上某两点间的平均弹性，其表达式为：

$$E_d = \frac{\dfrac{Q_2 - Q_1}{(Q_1 + Q_2)/2}}{\dfrac{P_1 - P_2}{(P_1 + P_2)/2}} = \frac{Q_1 - Q_2}{P_1 - P_2} \times \frac{P_1 + P_2}{Q_1 + Q_2} \qquad (2-8)$$

当运输需求曲线方程未知，只知道曲线上两点的坐标时，则可以用弧弹性的公式求此两点间的弹性。

应当说明的是：首先，由于运价与运输需求量是反方向变化的，所以求出的弹性值为负值；其次，通常使用绝对值比较弹性的大小，当我们说某种运输需求的价格弹性大，指的是其绝对值大；最后，如果需求曲线是一条直线，尽管直线上各点斜率的值不变，但由于$E_d = \dfrac{\mathrm{d}Q \times P}{\mathrm{d}P \times Q}$，直线上各点$\dfrac{P}{Q}$的值是变动的，所以这条直线上价格弹性也是变动的。

**3. 需求的交叉价格弹性**

任何一种运输服务的需求都可能受到与其竞争的和补充性的供应者行为的影

响（严格地说，它还受经济中所有其他市场价格的影响，但是土地市场以及通信可能是例外）。另外，在各种公共运输方式之间存在着交叉的价格影响，我们可以用交叉弹性的概念来表明这种影响。需求的交叉价格弹性（Cross - price Elasticity of Demand）的计算公式如下

$$e_{AB} = -\frac{\Delta Q_B / Q_B}{\Delta P_A / P_A} \qquad (2-9)$$

式中，$e_{AB}$ 为 A 与 B 两种运输方式需求之间的交叉价格弹性，即 A 方式运价升降对 B 方式运输需求增减的影响程度；$Q_B$ 和 $\Delta Q_B$ 为 B 方式运输需求量及相应的增量，$P_A$ 和 $\Delta P_A$ 为 A 方式运价及相应的增量。若 $e_{AB}>0$ 表示 A 运输方式的需求量与 B 运输方式的价格正相关，则 A 与 B 互为替代品；若 $e_{AB}<0$ 表示 A 运输方式的需求量与 B 运输方式的价格负相关，则 A 与 B 为互补品。

4. 运输需求的交叉价格

表 2 - 2 列出了一些不同的研究得出的结果，这些研究考察了 1970～1975 年伦敦的运输需求弹性（包括自己的费用和交叉费用）。一般来说，结果的不同是所采用的计算方法和时间长度的不同造成的。令人较为感兴趣的是，使用城市小汽车的需求对公共汽车和铁路公共运输的票价水平几乎完全没有反应。这一事实，实际上在所有城市公共运输研究中都曾看到，这是城市运输当局试图以补贴公共运输费用来减少或控制小汽车旅行基本上不成功的主要原因。

表 2 - 2　伦敦周一到周五的票价弹性

| 研究 | 运输方式 | 弹性水平 | |
|---|---|---|---|
| | | 公共汽车 | 铁路 |
| 研究一（1975 年） | 公共汽车 | - 0.60 | 0.25 |
| | 铁路 | 0.25 | - 0.40 |
| 研究二（1976 年） | 公共汽车 | - 0.56 | 0.30 |
| | 铁路 | 1.11 | - 1.00 |
| 研究三（1977 年） | 公共汽车 | - 0.405 | — |
| 研究四（1978 年） | 公路交通高峰时 | 0.025 | 0.056 |

表 2 - 2 表明，改变公共运输票价结构，会使各种公共运输方式之间需求的变化大于公共运输和私人运输之间需求的变化。然而，最近对公共运输方式之间交叉弹性的研究产生了稍许不同的结果，特别是伦敦的公共汽车旅行对地铁票价

更为敏感。

在其他运输市场，无论是在同一运输方式的经营者之间还是在不同运输方式的经营者之间，都是需求的交叉弹性可能更高。如连接较远距离运输干线的支线，这类补充性运输服务的交叉价格弹性方面的证据是不足的。公共网络的扩大，在降低公路旅行费用的同时，肯定增加了对某些公路支线的需求，同时减少了竞争线路上的需求。这种网络效应的运输含义比运输方式划分的准确含义更难查明，但实际上这种效应是运输系统的重要特征。

5. 运输需求的收入弹性

运输需求的收入弹性（Income Elasticity of Demand）简称收入弹性，指的是在其他条件（如价格）保持不变的情况下，需求量变动的百分比除以收入变动的百分比。

$$e_i = -\frac{\Delta Q/Q}{\Delta I/I} \qquad (2-10)$$

式中，$e_i$ 为收入弹性，$I$ 和 $\Delta I$ 为收入及收入的变动量。

虽然有充分的证据表明运输是一种正常商品，即收入水平越高，需求量越大，但这样的情况既不适用于所有运输方式，也不适用于所有场合。例如，收入对车辆保有量施加了正面影响，但这对公共交通的作用却相反。随着收入的提高，拥有汽车变得更为普遍，而公共运输在许多情况下变成了次等商品。有研究指出，英国城市公共运输旅行对收入的长期需求弹性约为 0.4 到 −1.0。如同价格一样，收入变化对长期运输需求和短期运输需求施加的压力也有所不同。一般来说，收入的降低会使需求水平急剧下降，但是由于人们在长期中重新调整他们的支出模式，长期弹性又可能低很多。

# 第三节　运输需求预测与运量预测

## 一、市场需求预测

需求预测的主要概念是市场需求和企业需求的测量。市场需求和企业需求的测量都包括需求函数、预测和潜量等概念。

1. 市场需求

在研究和评价市场营销机会时，第一步就是要估计和判断市场需求。市场需求实际上是指在特定地理范围、特定时间、特定市场营销环境条件下，消费者可能购买运输产品的数量。为定量测算运输需求，需要根据有关的影响因素，建立一定的函数关系。

如果以 $Q$ 表示运输需求量，以 $D$ 表示经济发展水平，以 $P$ 表示运输价格，以 $N$ 表示人口，以 $M$ 表示运输资源供应与分配，那么，运输需求函数的一般关系式为：

$$Q = f(D, P, N, M, \cdots) \tag{2-11}$$

铁路、公路、民航、水运等不同运输方式，可根据各自具体情况，按客、货分别建立相应的运输需求函数。

从上面的函数可以看出，运输市场需求不是一个固定的数值，而是给定条件下的函数，受经济发展、运输价格、人口数量等多项因素的影响。正因为如此，市场需求也被称为市场需求函数或市场反应函数。

运输需求也受市场营销费用的影响，在特定的营销环境条件下，运输需求是市场营销费用的函数，或者说，运输需求与企业的营销努力程度有关，如图2-9所示。

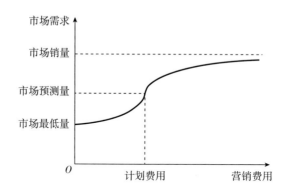

图 2-9　营销费用—市场需求曲线

从图2-9可以看出，运输业在不支出任何营销费用（包括广告宣传）时，运输需求通常表现为一个基础值（市场最低值）。随着营销费用的提高，需求量逐渐上升，先以逐渐增大的比率增加，然后以逐渐减小的比率增加。在市场营销费用超过一定数量后，即使再增加，运输需求也不会再增加。市场需求的最高界限称为市场潜量。市场最低量与市场潜量之间的距离表示运输需求的市场营销敏感度，它可以反映企业营销对运输需求的影响程度。

图 2-9 只表示市场营销努力与当前运输需求的关系，并不反映时间与运输需求的关系。

2. 企业需求

企业需求是运输市场总需求中不同企业所占的需求份额，即：

$$Q_i = S_i Q \qquad (2-12)$$

式中，$Q_i$ 为企业 i 的需求；$S_i$ 为企业 i 的市场份额；$Q$ 为市场总需求。

同前面谈到的市场需求一样，企业需求也是一个函数，它依赖于产品、服务、价格、促销等因素。在其他因素都相同的情况下，企业的市场份额则依赖于它的市场营销费用，相当于对竞争者而言的规模与效果，如式（2-13）所示：

$$S_i = \frac{M_i}{\sum M_i} \qquad (2-13)$$

式中，$M_i$ 为企业 i 的营销费用；$\sum M_i$ 为整个行业的营销费用。

式（2-13）只考虑了营销费用的绝对水平。实际上，营销费用也存在一个使用效率问题。如果考虑影响营销费用的使用效率，则有：

$$S_i = \frac{a_i M_i}{\sum a_i M_i} \qquad (2-14)$$

式中，$a_i$ 为企业 i 营销费用的效率水平（$a = 1.0$ 表示平均有效率）；$a_i M_i$ 为企业 i 的有效营销费用。

式（2-14）的建立隐含一个假定，即市场占有率同企业的有效营销费用所占份额之间存在着一定比例关系，但实际上它们之间在一些情况下并不存在这种关系。由此，对式（2-14）调整如下：

$$S_i = \frac{(a_i M_i)^{e_{mi}}}{\sum (a_i M_i)^{e_{mi}}} \qquad (2-15)$$

式中，$e_{mi}$ 为企业 i 有效营销费用对其市场占有率的弹性。

**二、市场调查**

1. 市场调查的含义与意义

市场调查与市场预测是决策的依据，也是进入市场的前提和基础。决策者只有按照一定的市场调查程序，恰当地运用各种市场调查方法，及时、充分地掌握准确的市场信息，运用市场预测的基本原理，借助于一定的科学预测方法，才能做出正确的决策，减少决策中的盲目性，有效地运用市场营销组合，最终实现企

业的战略目标。

运输市场调查是以运输市场中的供给、需求、消费者情况、货主情况以及其他方面有关内容为对象，用科学的方法，系统地收集和整理有关信息资料，并予以分析研究的过程。

市场调查在企业的营销管理过程中具有十分重要的作用，概括地说，主要表现在以下几个方面：

（1）市场调查是企业了解运输市场的重要手段。在企业市场管理的每一个环节，管理者都需要信息，需要关于消费者、用户、竞争者、中间商或其他与市场营销有关的信息，而市场调查是取得这些信息的一个最重要的途径。

（2）市场调查是进行决策的基础。企业要做出正确的决策，就必须通过市场调查准确及时地掌握市场情况，使决策建立在坚实可靠的基础之上。只有通过市场调查收集到比较全面和准确的信息，并对信息做出科学合理的分析，企业的决策才能切合实际，才能降低企业决策的风险程度。在决策的实施过程中，企业还可以通过市场调查检查决策的实施情况，及时发现决策中的失误和外界条件变化，起到反馈信息的作用，为进一步调整和修改决策方案提供新的证据。

（3）市场调查是企业开拓市场、开发新产品的依据。企业要想不断发展，就需要不断地开拓市场，根据消费者需求改造已有产品或开发新产品。通过市场调查，企业不仅可以了解到运输产品在某个特定市场、某一地区或消费者群体中是否达到饱和状态，为企业开拓新的市场提供依据，还可以了解和掌握消费者的消费趋向、新的要求以及对企业产品的期望等，及时改造老产品，开发新产品，使企业继续盈利。

2. 市场调查的类型

市场调查根据不同的划分标准，可分为不同类型：

按调查目的划分，可分为探测性调查、描述性调查、因果关系调查和预测性调查。探测性调查也称非正式性调查，是当调查的问题不甚明确时，在正式调查之前为确定调查课题及调查重点而进行的调查。描述性调查也称结论性调查，是对某一问题的发展状况的调查，旨在说明"什么""何时""何地"等问题，并找出事物发展过程中的关联因素。因果关系调查是在描述性调查的基础上进一步调查、分析，为预测提供依据。

按调查对象的特征划分，可分为普遍调查和抽样调查。普遍调查是以调查总体为对象进行的调查。抽样调查是从总体中按一定标准和方法抽取部分个体作为对象进行的调查。

3. 市场调查的内容

（1）市场环境调查。①政治环境调查。政治环境调查是对一定时期内政府关于运输业发展的方针、政策等情况的调查。②经济环境调查。经济环境调查是对工农业生产及整个社会经济发展情况的调查和分析。通过调查，研究经济发展和变化对运输可能带来的影响。③社会文化环境调查。社会文化环境调查是对运输企业生产经营活动涉及地区的居民文化特征、宗教信仰、生活习惯等情况的调查。通过调查，分析社会文化特征可能对购买行为的影响。④自然地理环境调查。自然地理环境调查是对有关地区地理位置、气候条件、运输条件等情况的调查。通过调查，了解有关地区的潜在需求。

（2）市场需求调查。市场需求调查就是通过调查研究，估计运输市场需求情况，把企业产品的市场需求情况用数量表示出来。满足市场需求是企业经营活动的主要抓手，因此，市场需求调查包括现实需求的调查和潜在需求的调查。它主要包括对市场需求容量，运输结构及其发展变换趋势，国家经济政策的变化对运输市场需求结构所产生的影响，企业各种经营策略所引起的竞争者的销售变化，以及多市场需求量的影响等的调查。

（3）消费者调查。消费者调查是对消费者或用户及其购买心理、购买行为的调查。调查内容主要包括消费者类别（货主、旅客，对旅客的调查又包括民族、性别、年龄、收入、职业、文化程度等）、消费者购买能力（收入水平、消费结构、消费水平等）、消费者运输需求偏好等。

4. 市场调查方法

（1）按调查对象的不同来划分有以下三种市场调查方法：

1）全面调查。全面调查就是指对与市场调查内容有关的应调查对象无一例外地进行调查。全面调查主要用于收集那些不能或不宜通过其他调查取得的、比较全面的、精确的统计资料。

2）典型调查。典型调查是以某些典型单位或典型消费者为对象进行调查。典型调查的主要特点是由调查者在现有总体中有意地选择若干具有代表性的典型进行调查。典型调查的关键在于正确选择典型。

3）抽样调查。抽样调查是从应调查的对象中抽取一部分有代表性的对象进行调查，然后根据抽样的结果推断整体的性质。抽样调查具有很高的科学性和准确性，所以在市场调查汇总中大多采取抽样调查的方法。抽样调查的方法很多，一般可以分为以下三类：①随机调查。随机调查就是从总体中按随机的原则抽取样本的方法。总体中的每个个体被选样的机会完全相等，完全排除人们主观地和有意地选择。②等距抽样。等距抽样又称为系统抽样或者机械抽样，它是先把调查总体中的每个个体按一定数量标志排列，根据事先确定的样本数 $n$ 将总体平均分成若干段，然后按相等的距离或间隔抽取样本。这样选取的样本，能代替各种水平的情况，误差较小。③非随机抽样。非随机抽样是根据调查人员的分析、判断和需要来进行抽样，有意地选取有一定代表性的对象作为样本，用以估计总体性质。

（2）按收集资料的方法划分有以下三种市场调查方法：

1）固定样本连续调查法。固定样本连续调查法又称为固定样本小组调查法，是指用抽样的方法，从总体中抽出若干样本组成固定的样本小组，在一段时期内通过对样本小组的反复调查来取得资料的方法。

2）观察调查法。观察调查法是由调查人员到调查现场直接进行观察以收集资料的方法。

3）询问调查法。询问调查法是最常用、最基本的一种调查方法，它是调查员用询问的方式向被调查者了解市场情况的一种方法。其特点是通过直接或间接的回答方式来了解被调查者（消费者、用户、企业）的看法和意见，询问的主要内容一般是要求被询问者回答有关具体事实、态度、动机及意见和建议等。

### 三、运量预测

#### 1. 运量预测的内容

运输业所完成的运量在很多情况下与运输市场上的需求并不一致。运输需求是旅客和货主（用户）在人与货物空间位移方面有支付能力的需要；运输量则是指这种需要的实际实现量。在运输供给大于运输需求时，运输量是运输需求的实际反映；而当运输供给不能满足运输需求时，运输量就不是运输需求的完全和充分反映，这时运输量在多大程度上反映运输需求主要取决于运输供给的限制和约束。

运输业进行运量预测十分必要，它是限制定期、远期发展目标和规划，落实有关营销措施的前提和基础。

运量预测的种类很多，范围很广，从不同角度可以把运量预测分为不同的类别。

（1）按预测的内容和对象，可分为客运量预测和货运量预测。对客运量和客运周转量的预测属客运预测范围，对货运量和货运周转量的预测属货运预测范围，两者的综合为总运量的预测。

（2）按预测的范围和层次，可分为全国运量预测、区域运量预测、不同运输企业运量预测、某方向运量预测等。

（3）按预测的部门，可分为铁路运量预测、公路运量预测、民航运量预测、水运运量预测和管道运量预测。

（4）按预测时间的长短，可分为长期运量预测、中期运量预测和短期运量预测。

2. 运量预测的方法

运量预测的方法很多，总的来说，可以分为定性预测和定量预测两大类，如图 2 – 10 所示。

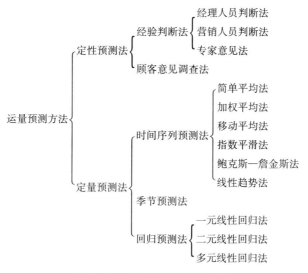

**图 2 – 10　运输业运量预测方法**

（1）定性预测方法。定性预测方法又叫判断分析法，是依据人们在市场活动中获得的经验和分析能力，通过对影响市场变化的各种因素进行分析、判断和推理，来预测未来的发展变化。

定性预测方法的特点是简便易行，特别是在不可控因素和不可定量因素比较多时，采用这种方法进行短期判断有其明显的优势。然而，这种方法也有其缺陷，它不能提供以精确数据为依据的预测结果，主观随意性比较大，有时易发生疏忽和失误。

定性预测方法是一种重要的预测方法，特别是当不具备定量分析条件时就需要通过对市场发展变化进行定量分析，来推断市场未来的发展趋势。使用定性预测方法时，挑选专家非常重要，这些人一定要具备专门知识，经验丰富。

常用的定性预测方法有以下几种：

1）经验判断法。经验判断法也称主观估计预测法，是以一部分熟悉业务、具有经验和综合分析能力的人所做出的判断为基础来进行预测的一种方法。这种方法比较简单、省时、省力，参加预测者有着丰富的经验，熟悉情况，对预测项目能做出比较客观的判断。但是，预测的准确度容易受到主观因素的影响。为克服这一缺陷，预测时往往在经验判断的基础上进行统计处理，然后做出最终预测。经验判断预测方法很多，最常用的有经理人员判断法、营销人员判断法、专家意见法等。

a. 经理人员判断法。经理人员判断法是指由企业的经理（主管领导）把与市场有关和熟悉市场情况的人员召集在一起，请他们对未来市场的发展形势或某一重大市场变化发表意见，做出判断和估计。然后，经理人员在此基础上再做出预测。这种方法简单易行，花费的时间短，是一种常用的预测方法，如经常性的业务碰头会、业务分析会等都属于这种方法。

b. 营销人员判断法。营销人员判断法是指由主管负责人召集有关的营销人员预测未来一定时期内各自负责的地区或项目的市场情况，然后由企业主管人员加以综合并做出预测的方法。营销人员判断法的优点在于营销人员一直与市场打交道，他们了解消费者，熟悉运输市场情况，所提供的信息以及所做的预测往往比较接近实际。当然，这种方法也有局限性，营销人员有可能从自身利益出发，低估预测数字。

c. 专家意见法。专家意见法是指由有关专家对运输市场趋势做出预测的方法。专家意见法既可以发挥专家的优势和作用，也可以克服企业人员进行预测可能出现的主观性和片面性。专家意见法按其运作过程不同分为专家会议预测法、德尔菲法等。

专家会议预测法又称头脑风暴法，一般是由组织预测者邀请有关专家有准备地参加座谈会，由专家们对预测问题进行讨论，找出问题的关键所在，得出比较接近实际的预测结果。专家会议预测法在实际操作过程中易受到参加会议人数、与会者心理因素的影响，当面对面交换意见时，容易受到权威人士意见的影响，从而出现意见"一面倒"的情况。

德尔菲法又称专家征询法，是采用函询即调查表的方式征求专家意见，从而得出预测结果的方法。德尔菲法是美国兰德公司的研究人员在 20 世纪 40 年代末创立的一种定性预测方法，它比较适用于缺乏市场统计数据同时市场环境变化较大的预测项目。德尔菲法的实际操作过程如下：组织专家小组，由 10 ~ 30 位专家组成，经过反复征询，在"征询—答复—反馈—再答复—再反馈……"这样多次反馈的过程中，每位专家可以多次提出和修正自己的意见。由于每位专家都是独立发表意见，他们之间互不联系，所以可以排除心理和其他因素的干扰，提高预测结果的客观性和准确性。德尔菲法和预测流程如图 2 – 11 所示。

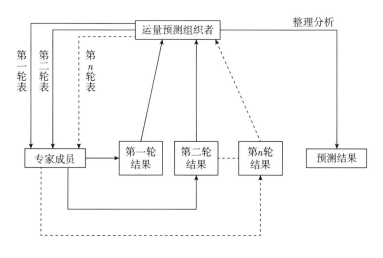

**图 2 – 11 德尔菲法预测流程**

2）顾客意见调查法。顾客意见调查法又称用户调查法，是直接征求顾客意见，了解顾客购买意向和心理动机，从而预测未来运量情况的一种预测方法。顾客意见调查法一般采用抽样调查，既可以采用口头询问方式，也可以采用书面询问方式。很多运输企业在车站、机场、港头等地进行调查就属于这种方法。

（2）定量预测方法。定量预测方法又称数量分析法或数理统计预测法，它是根据市场调查所取得的数据资料，运用数字模型进行计算，并据此预测未来市场变化的一种预测方法。这种预测方法的一个显著特点是运用数学、统计学和计算机等方法或工具，用数据对未来进行客观描述，因此，其科学性、严密性更强。一般来说，在历史资料比较完备和准确、事物发展变化趋势比较平稳的情况下，这种方法的优势更为明显。当然，这种方法也有不足之处，就是它只能根据量的变化来寻找规律，当存在着复杂的非量的因素变化时，这种方法就会受到局限。

运量预测中常用的定量预测方法有时间序列法、回归预测法、季节预测

法等。

1）时间序列法。在社会经济发展的过程中，很多经济变量的发展变化都与时间呈现出某种特定关系，运输需求也是如此。基于此，我们可以通过对运量的时间数列外推的方法预测未来运量变化趋势。时间序列法的特点是把预测变量看作是时间的函数。当所研究的运量时间数列没有大的波动时，这种方法比较理想。这种方法的缺点在于无法反映出运量变化的原因，当宏观外部因素发生变化而影响运量水平时，难以准确反映。

时间序列外推的方法很多，关键在于趋势的识别与拟合是否正确。

a. 简单平均法。以观察期的算术平均数作为下期的预测值，其公式如下：

$$\hat{Y} = \sum_{i=1}^{n} \frac{X_i}{n} = \overline{X} \qquad (2-16)$$

式中，$\hat{Y}$为预测值；$n$为观察个数；$\overline{X}$为观察值的平均值。

简单平均法虽然计算简便，但有时结果不够准确。当市场需求比较平稳时，可采用此方法。

b. 加权平均法。根据历史上不同阶段资料重要性和对未来的影响程度，分别赋予不同权数然后再加以平均。计算公式为：

$$\hat{Y} = \frac{\sum_{i=1}^{n} a_i x_i}{\sum_{i=1}^{n} a_i} \qquad (2-17)$$

式中，$\hat{Y}$为预测值；$x_i$为第$i$期数值；$a_i$为第$i$期对应的权数。

加权平均法的关键是权数的确定，目前多数情况下还是依靠经验而定。

c. 移动平均法。这种方法是将时间数列中的数据由远而近按一定跨越期进行平均，逐一求得移动平均值，并以最接近预期值的移动平均值作为确定预测值的依据。计算公式为：

$$\hat{Y}_{t+1} = M_t + (M_t - M_{t-1}) \qquad (2-18)$$

式中，$\hat{Y}_{t+1}$为第$t+1$期的预测值；$M_t$为第$t$期的移动平均数；$M_{t-1}$为第$t-1$期的移动平均数。

$$M_t = \frac{x_t + x_{t-1} + x_{t-2} + \cdots + x_{t-n+1}}{n}$$

采用移动平均法时，移动期数$n$的选择会直接影响预测结果的准确度。如果$n$大，则移动平均值对数列起伏变动的敏感性差，预测值容易滞后于可能的发展趋势；如果$n$小，虽然灵敏度高但对随机因素反应也灵敏，容易导致预测失误。

d. 指数平滑法。指数平滑法是用指数加权的办法进行移动平均的预测方法。所取的指数又称为平滑指数。指数平滑法的计算公式为：

$$\hat{Y}_{t+1} = \alpha Y_t + (1-\alpha)\hat{Y}_t (0 < \alpha < 1) \qquad (2-19)$$

式中，$\hat{Y}_{t+1}$ 为第 $t+1$ 期的预测值；$\hat{Y}_t$ 为第 $t$ 期的预测值；$\alpha$ 为平滑系数。

指数平滑法是在移动平均法的基础上发展起来的。运用指数平滑法的关键在于平滑系数的确定。

e. 线性趋势法。这是一种简单的直线外推法，它利用时间序列所确定的线性趋势数学模型来进行运量预测。其约束条件是，时间序列所体现的事物发展变化必须呈现明显的线性趋势，否则就不能应用。

一元线性趋势数学模型为：

$$Y_t = a + bt \qquad (2-20)$$

式中，$t$ 为时间，是自变量。

除了上面谈到的方法以外，时间序列法还有鲍克斯—詹金斯（Box – Jenkins）法等。

2）回归预测法。回归预测法可以分为一元线性回归法、二元线性回归法和多元线性回归法。

一元线性回归是一个自变量对一个因变量的相关回归（与一元线性趋势法基本相同）。其模型为：

$$Y = a + b_x \qquad (2-21)$$

二元线性回归模型为：

$$Y = a + b_1 x_1 + b_2 x_2 \qquad (2-22)$$

式中，$a$、$b_1$、$b_2$ 为常数项；$x_1$、$x_2$ 为变量。

多元线性回归模型为：

$$Y = a + b_1 x_1 + b_2 x_2 + \cdots + b_n x_n \qquad (2-23)$$

式中，$a$，$b_1$，$b_2$，$\cdots$，$b_n$ 为常数项；$x_1$，$x_2$，$\cdots$，$x_n$ 为变量。

3）季节预测法。季节变动影响运输需求变动，是运输市场上十分明显的现象。当市场的变化受季节变动影响时，所用的预测方法就称为季节预测法。其模型为：

$$\hat{Y} = T \times S \qquad (2-24)$$

式中，$\hat{Y}$ 为预测值；$T$ 为长期趋势值；$S$ 为季节指数。

季节预测法的预测步骤如下：①确定季节指数 $S$。②预测趋势值。对预测期间各季的趋势值进行预测，依时间序列变化趋势的不同而采取不同的方法，主要有直线趋势外推法和移动平均法两种。③进行预测。根据确定的 $S$ 和 $T$ 预测运量。

上述运量预测方法各有自己的适用条件、适用范围，在进行运量预测时，要结合预测目标、预测对象、资料的掌握情况以及预测精度要求等，选择合适的预测方法。在预测中，既要作定量预测，也要作定性分析，将两者结合起来，以使预测结果更为客观、准确。

### 四、运输需求总量预测与结构性预测

在我国现有的运输需求预测中，大都强调总量预测，而忽视结构性预测。

需求理论认为，需求是具有层次性的，在不同的市场上，因需求主体对商品和服务的质量、价格以及售后服务等不同方面的需求而形成不同的需求层次，而供给者与需求者在各种层次上的对接是否成功，直接关系到潜在的需求能否向现实的需求转化和交易是否成功，也间接地影响到经济运行的效率和效果。这种情况在运输市场上也不例外：在运输市场上有大量潜在的运输需求者，他们有进行客货位移的需求，同时也具备相应的支付能力，但是由于市场上所能提供的客货位移服务在运输方式、价格和服务质量上的差异等，需求者不愿意选择供给者所提供的服务，因而不能转化为现实的运输需求。在我国，由于运输长期分散的管理体制以及其他各方面的原因，在运输供给方面存在着诸多结构不合理的状况（在这里与前述的因短缺而使潜在的需求不能实现的情况有所不同），包括运输方式的结构不合理、运价结构的不合理以及质量低劣的运输服务等而使大量潜在的运输需求无法实现，所以，在实践中往往会出现这样的情况：预测中对总量的把握基本到位，但由于缺乏结构上的预测分析，使现实的运输量与需求量形成较大的反差。这类问题的存在，无不与结构性预测的缺失有关。

当然，比起总量预测，结构性预测要困难很多，但是，如果没有结构性预测对总量预测的补充和矫正，总量预测的结果不可能是科学的、符合实际的、有用的。因而，结构性预测是运输需求预测中需要付出极大努力才能解决的大问题。只有将总量预测与结构性预测有机地结合起来，才能制定科学的决策，提供有效的依据。

# 第四节 货物运输需求方式的选择

## 一、影响货物运输方式选择的因素

货物运输服务的种类繁多，不仅代表运输的方式不同，装载的工具也互不相同，在起运一批或一组货物时，选择运输方式是一件困难的工作，因为必须考虑许多复杂的有形因素与无形因素。一般而言，影响运输方式选择的因素有以下几点：

1. 运输成本或费用

各种运输系统服务的成本随着服务的类型而定。表 2 - 3 是美国各种运输方式的成本资料。

表 2 - 3 各种运输方式成本的比较

| 运输方式 | 成本（吨英里） |
| --- | --- |
| 铁路 | 2.50 |
| 卡车 | 25.08 |
| 水运 | 0.73 |
| 管道 | 1.40 |
| 航空 | 58.75 |

由表 2 - 3 可知，航空运输是最昂贵的运输服务方式，水运则最便宜，卡车的运费约为铁路的 7 ~ 10 倍，而铁路费用则高出水运或管道 3 ~ 4 倍之多。上述比较仅能作为一般参考，在选择运输方式时仍需依据真正的费率来做比较。

2. 送货所需时间的可靠度

在选择运输服务时，收货人需要考虑的两项最重要的因素是送货的时间及时间的可靠度。送货的时间通常是指起讫两点之间的平均运输时间，为便于比较，通常是以门到门时间为衡量的标准，换言之，即自托运人仓库送到收货人仓库所需的时间。以美国为例，在 *Ballou* 一书中，曾提及对 16000 件工业及军事运输用品的运输，调查其运输时间发现，当运输距离在 600 英里以上时，航空货运是最快的运具，其次是卡车整车、卡车零担及铁路整车；当运输距离小于 600 英里时，航空和卡车运输的送货时间不相上下，如图 2 - 12 所示。

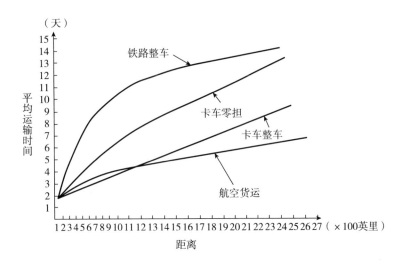

图 2 - 12　各种运具的平均送货时间

可靠度是指运输方式与其送货时间的正常变动，虽然运输的起讫点相同，但是每次的送货时间却不一定一致，这是因为气候、交通堵塞、停靠的次数、载重的差异、交通事故等皆会影响送货时间，故运输时间的变动程度仍在衡量各种运输方式的不确定性。一般而言，铁路货运的时间变动性最大，航空运输次之，而卡车货运则位于两者之间。然而，就时间变动程度与运输时间的比值而言，则卡车货运最为可靠，航空反而是最不可靠的运具。

3. 运输的便利性

货物运输的便利性，如包装的要求、运输设施的位置与公司起运与收货的位置、中途运输的可行性、物料搬运的特殊设备、直接运送的程度、装载与送货的情形等，都是考虑便利性时必须注意的因素。

4. 运输安全性及特殊要求

运输安全性及特殊要求指运输人以往运输的安全、毁损记录和可靠性，以及货物运输时特别的要求，如冷冻设备及运送人对易碎、危险物品的处理能力。

5. 企业政策的考虑

企业政策往往会影响到运输方式的选择，如规定有些运量需由特定的运输方式平均分担，或受政府政策的影响必须选择某一特定运输方式。

**二、选择运输方式的方法**

一般而言，厂商选择货物运输服务方式的方法有四种：直觉法、物流总成本法、指标法、存货理论法。分别说明如下：

1. 直觉法

这种方法是基于成本最小的原则，并利用直觉来判断运输成本速度、便利性、可及性、可靠程度、服务水准之间的关系，直接选择运输方式。对任何问题使用直觉法的优点，就是考虑的范围可以扩大，同时也可兼顾问题分析之中有形或无形的因素，而且可以适用于大多数的特定情况。但在实际的问题中，常见的例子是厂商对运输方式的选择，只限于以运输成本为决策的主要因素，导致所选择的运输方式只基于服务的直接成本，而非根据服务成本之间的损益来比较，这是使用直觉法的缺点。

2. 物流总成本法

此方法是计算各种运输方式在物流产生过程中成本的总和，加以比较后，选择物流总成本最低的运输方式。若根据直觉，人们大多以为航空及门运输总成本一定较海运的成本昂贵，但事实并不尽然。虽然航空货运的实际运费比平面运输高，可是从一些个体研究中发现，如果将海运所需的一些附带费用，诸如包装、装车和运送到码头的费用，保险费，运转仓库和码头费，验行费，以及资本的成本等包括在内，航空货运所需的总成本几乎与海运不相上下。例如，实证资料显示，波昂至德里及新加坡至东京的空运物流总成本比海运成本低 10% ~ 15%。

直觉法和物流总成本法是直接基于成本来选择适当运输方式，因此又称为直接成本法。

3. 指标法

此法乃分析及选择运输方式可行性的简单方法，通常可从三方面来考量：

（1）产品特性，如价值/重量比、产品生命周期、存货转运率、实体特性（形状、大小、易脆性）、技术要求等。

（2）市场特性，如加码高低（即企业冒风险赚取的超额利润）、服务水准等。

（3）物流成本要素，如费率、存货成本、包装成本、仓储费、总成本等。

管理者可依其需要，设定多种指标综合使用，以作为运具选择的初步判断。其优点是简单，但无法做精准评估，且指标的设定往往依据决策者的主观判断。因此，此法只能作为初步评估使用，不宜取代成本效益分析。

4. 存货理论法

存货理论法是厂商将运输成本、资金存置成本、仓储成本及订购成本等作为选择货物运输方式的考虑因素。具体的考虑因素主要有以下几点：①每一单位货物运输的运输成本；②平均运输的时间；③运输时间的变异数，反映运输工具的可靠性；④运输途中每一货物单位时间的存置成本，存置成本反映产品损坏程度，包括运送货物总价值（即资本）的利息、失窃以及货物变质的损失、保险费及仓储成本等。

### 三、企业选择运输业考虑的因素

根据美国研究调查，企业选择运输业所考虑的因素排名如下：①运输时间的可靠度；②及门运输的成本；③总及门运输的时间；④运输业愿意协商改变费率的意愿；⑤运输业财务的稳定度；⑥设备的可用性；⑦运输服务频率；⑧货物接送服务；⑨货物损坏程度；⑩寄送货物处理能力；⑪操作人员的品质；⑫货物追踪能力；⑬运输业愿意协商改变服务的意愿；⑭排班弹性；⑮索赔处理；⑯运输业销售能力的品质；⑰特殊设备。

由上可知，运输时间与成本是企业在选择运输方式时最主要考虑的两项因素。

**问题与思考**

1. 什么是运输需求？它有哪些特征？
2. 需求量变化与需求变化有什么区别？
3. 运输需求的影响因素有哪些？
4. 运量预测的内容和方法有哪些？

**案例分析**

### 都市的停车需求

停车难已成为大城市的一个突出问题。有资料显示，全国 36 个大中城市停车位满足率不超过 20%，也就是说，我国城市每五辆机动车只有 1 个停车位。截至 2003 年底，上海市有停泊车位 24 万个，其中，配建泊位 22.13 万个，路外公共泊车位 8100 个，合法路边泊位 8400 个，其他泊位 3000 个。公共停车泊位占全市机动车辆的比例仅为 2%，远低于国际 10% ~15% 的水平。

停车难的一个客观因素是汽车发展速度远远超过预期水平。20 世纪 90 年代初，街上为数不多的捷达车也能吸引人们好奇的目光，谁能想到，十多年之后就车满为患了。而直到 1994 年，居住小区建设规划中才开始设立机动车停车泊位指标。历史遗留问题还没有解决，新建成改造项目中不按规划配建停车位的问题又暴露出来。在城市新建和改造项目中，有关部门对写字楼、娱乐类建筑、餐饮类建筑停车场用地提出要求，但各地普遍存在不做停车场用地规划或有规划不落实等情况。其原因之一，就是停车场用地要求只是推荐性标准而非强制性标准，有的单位为了节省建筑成本，尽量压缩停车位。此外，道路规划与停车场相脱节，道路规划往往只管道路不管停车，城市规划也很少涉及停车场规划。

　　长期以来，人们把停车泊位当成纯公共物品，以为应该免费使用。实际上，以大城市的手段去解决可能更为合适。因此，从公共经济角度看，不要把停车泊位作为纯公共物品看待，而要把它看作私人物品。有人曾对世界上300多个城市进行了研究，发现发达国家的城市在转变了停车泊位无偿使用的观念以后，停车难题才得以解决。有报道说，美国停车产业每年大约收入260亿元，提供约100万个就业机会。

　　当然，若想把停车泊位当作私人物品，科学地设计停车收费制度很重要。国外许多城市采用分地段、分时段收费的方式。在纽约曼哈顿的许多街道，只有持特殊牌照的车辆才能停车上下货或上下客，其他车辆不得停放，否则即遭罚款。在收费制度设计上确立一个理念，那就是违章收费高于路上停车收费。在纽约市，立体停车楼每小时是3~5美元，一次停车违停罚款却高达120美元，是正常停车的10多倍。这样一来，违章停车、路上停车的概率就小得多。只有这样，停车产业才能进入市场。在繁华地带，停车收费应该是开始的第一个小时便宜，时间越长收费标准越高。如果第一个小时收费高，往后反而越便宜，停车场地的周转利用率就会大打折扣。

 案例讨论

　　1. 有些城市的相关部门常常在居民小区内狭长的道路上用黄线划出停车泊位以解决停车难的问题，这种做法合适吗？

　　2. 一些城市规定，停车不超过10分钟不收停车费，你怎么看待这个政策？

# 第三章　运输供给

运输供给与运输需求是一对矛盾体，是相互依存的对立统一体，在市场经济条件下，运输需求是运输供给的前提和基础，运输供给总是随着运输需求的变化而变化。然而，运输供给一经形成，便构成一个相对独立的领域，并拥有自身发展变化的特点和规律。因此，本章在上一章分析运输需求的基础上，进一步研究运输供给的有关问题，主要包括运输供给、运输供给量、运输供给函数、运输供给量变化和供给变化、运输供给的特征、运输供给的价格弹性、各种运输方式的供给特点。

## 第一节　运输供给概述

### 一、运输供给的概念

运输供给是指在一定时期内、一定空间里和一定价格水平下，运输生产者愿意而且能够提供的运输产品和服务。运输供给必须同时具备两个条件，即运输生产者有出售运输服务的愿望和提供运输服务的能力。

运输供给包括以下四方面内容：①运输供给能力，通常用运输工具的运输能力来表示，说明能够承运的货物和旅客的数量与规模。②运输方式，一般指五种现代运输方式，水路运输、公路运输、铁路运输、航空运输、管道运输。③运输布局，指交通运输生产的空间分布与组合，即各种运输方式的线路和场站组成的交通运输网与客货流的地理分布情况。④运输经济管理体制，指运输供给的软件，是指导运输业发展所建立的企业结构、企业制度、管理方法、国家政策及法规等。

运输供给是由现有的社会运输能力所确定的，或者说，现有的运输能力是运输供给的基础因素。当现有的运输能力发生变化，如运输基础设施建设增加、运输工具增加或减少时，运输供给就会发生改变。

运输供给从范围上可以分为个别供给、局部供给和总供给。个别供给是指特定的运输生产者所能提供的供给，在我国社会主义市场经济条件下，运输生产者从属于不同的经济成分，分属于不同的运输方式，各个运输生产者自身的情况是千差万别的，因此他们所能提供的供给情况和能力也是不同的。个别供给属于微观经济的范畴。局部供给是指某个地区的运输生产者所能提供的运输供给，或者是某种运输方式所能够提供的运输供给。它是一个宏观经济范畴。运输供给从地域上还可以分为区域内的运输供给、区域间的运输供给和为客货通过（过境）所提供的运输供给。运输供给按性质来划分可区分为生产性的运输供给和消费性的运输供给。

### 二、运输供给的特点

运输供给具有多种特点，它具有整体性，包括运输基础设施的整体性、运输设备的整体性和运输产品的整体性。运输供给具有一定的公共性，此特点主要表现在以下两个方面：一是在铁路、公路、航空、水运等运输方式中都存在着大量的公共资本；二是运输供给也为全社会提供"搭便车"的机会。另外，运输供给也具有外部成本的特点：一是由消费者承担的拥挤成本，二是由公众承担的社会成本。运输供给也具有时空特定性及其差异性，还有部分可替代性。除此之外，运输供给还具有以下几个特点。

#### 1. 不可贮存性

运输业的生产活动是通过运输工具使运输对象发生空间位置的变化，在运输过程中并没有产生新的物质产品。运输产品的生产和消费是同时进行的，它不能脱离生产过程而单独存在，所以不能像一般工业一样，可以将产品贮存起来，这就是运输供给的不可贮存性。

一般工业可以通过产品贮存的形式适应市场供需变化，而运输产品的非贮存性决定了运输业不能采取贮存产品的形式，而只能采取运输能力贮备的形式来适应运输市场变化。

#### 2. 风险性

运输业有着固定设备多、固定资产投资大、投资回收期长等特点，运输能力通常按运输高峰的需求设计，具有一定的超前量。运输能力的贮备对运输市场来说，一方面可以适应市场需求增长的机遇，另一方面则可能因市场供过于求而产生风险。运力贮备越大，承担的风险越大，适应市场需求的能力也大；相反，运力贮备小或没有贮备，承担的风险小，但适应市场需求的能力也小。这一点在国际航运市场上尤其明显。因此，运输供给存在风险性。

3. 不平衡性

运输供给的不平衡性主要表现在以下三方面：首先，运输供给受市场运价和竞争状况影响的波动性大。当运输市场繁荣时，刺激运力投入；当运输市场萧条时，迫使运力退出。其次，运输需求的季节性不平衡，导致运输供给出现高峰与低谷供给量的悬殊变化。以上两点导致运输供给量在时间分布上的不平衡。最后，由于世界经济和贸易发展的不平衡性，运输供给在不同国家（地区）之间也呈现出一定的不平衡性。经济发达国家（地区）的运输供给量比较充分；而经济比较落后国家（地区）的运输供给量则相对滞后。运输供给的不平衡性在我国国内市场上表现得不是很明显，而在国际运输市场上表现突出。供给与需求的平衡是暂时的、相对的，而不平衡却是绝对的、长期的。

4. 运输供给利用的不充分性

运输业是特殊产业部门，其生产与消费过程是同时进行的，运输服务的生产过程既是运输对象发生位移的过程，也是运输服务的消费过程。但这并不意味着运输产品的生产必然能与运输产品的消费相结合，现实中生产与消费脱节的现象不可避免。例如：运输需求在运输时间上的波动性、在运输方向上的单向性，以及个别运输需求对运输工具的适应性等都会导致运力浪费；为实现供需时空结合，企业经常会付出空载行驶的代价，这种由于供给与需求之间在时间、空间上的差异性所造成的生产与消费的差异，使运输供给者必须承担运力损失、空载行驶等经济上的风险。所以，运输活动的经济效果取决于供需在时间与空间上的正确结合，这就要求运输企业掌握市场信息，搞好生产的组织，运用科学的管理方法提高企业经营管理水平。

5. 运输供给的成本转移性

同运输生产的时空差异带来运力浪费情况相反的是，运输供给能够在较大范围内超额生产，并不带来成本的明显上升。这种情况在我国各种方式的旅客运输中较为普遍。运输企业可以在成本增加很少的情况下，在需求允许时增加供给量（运输工具超载），但伴随而来的是运输条件的恶化，运输服务质量的下降，使本该由运输企业承担的成本部分地转移到消费者身上。运输供给的成本转移还体现在由运输活动带来的空气、水、噪声等环境污染，能源和其他资源的过度消耗，以及交通堵塞等成本消耗也部分地转移到运输业外部的成本中。

6. 运输供给的可替代性与不可替代性

在现代运输业中，铁路、公路、水运、航空、管道等多种运输方式同时存在，各种运输方式中的千万个运输供给者同时存在，并都有可能对同一运输对象进行空间位移。在这种情况下，运输需求者完全可以根据自己的意思来选择任何一种运输方式中的任何一个运输供给者，这就是运输供给的可替代性。这种可替代性形成了运输业者之间的竞争。但这种可替代性又是有一定条件的，因为运输需求和运输供给有时空特定性的特点，各种运输方式的技术经济特征不同、发展水平不同、运输费用不同、运输速度不同，运输总供给中的分工和地位不同，这些都决定了运输供给的可替代性会受到不同程度的限制。因此，运输供给的可替代性与不可替代性是同时存在的，运输市场的供给之间既存在竞争、垄断，也存在协作关系。

7. 运输供给变化的周期长

运输供给的变化主要指运输设施的建设和运输工具的投入与退出。运输设施的建造一般需要较长的时间，而运输工具建造也需要一定的时间，如一艘船舶从设计到建造好一般需要 4 年时间。建造好的运输设施和运输工具都具有较长的使用寿命，要退出市场极其不易，这使得运输供给的调整极为困难。相比较而言，运输供给的增加要快过退出。

# 第二节　运输供给函数

## 一、运输供给概述

运输供给的大小通常用运输供给量来描述。运输供给量是指在一定时间、空间和一定的条件下，运输生产者愿意而且能够提供的运输服务的数量。"一定的时间、空间"和运输需求量中时间、空间的含义是相同的；"一定的条件"指的是影响运输供给的诸多因素，如政府对运输业的政策、运输服务的价格、运输服务的成本等。

运输供给量可表示为影响它的诸多因素的函数：

$$Q_S = f\,(P,\ b_1,\ b_2,\ \cdots,\ b_n) \tag{3-1}$$

式中，$Q_S$ 为运输供给量；$P$ 为运输服务价格（运价）；$b_1$，$b_2$，$\cdots$，$b_n$ 为除运价以外的其他影响因素。

式（3-1）为运输供给量的一般表达式。实际工作中，可通过对具体问题的分析和数据处理确定出具体的表达式。

## 二、运输供给曲线

根据运输价格与供给量的关系所列成的表称为供给表（见表3-1）。

**表3-1 供给表**

| 线路1 | 价格 | 1 | 2 | 3 | 4 | 5 | 6 | 7 |
| --- | --- | --- | --- | --- | --- | --- | --- | --- |
| | 数量 | 1 | 2 | 3 | 4 | 5 | 6 | 7 |
| 线路2 | 价格 | 1 | 2 | 3 | 4 | 5 | 6 | 7 |
| | 数量 | 2 | 4 | 6 | 8 | 10 | 12 | 14 |
| 线路3 | 价格 | 1 | 2 | 3 | 4 | 5 | 6 | 7 |
| | 数量 | 3 | 6 | 9 | 12 | 15 | 18 | 21 |

在影响运输供给量的诸多因素中，运输服务的价格是最灵敏、最重要的因素。运输供给曲线就是假定其他因素不变，反映供给量同价格之间关系的曲线。此时，运输供给量可简化为：

$$Q = f(P) \tag{3-2}$$

一般情况下，$Q$ 与 $P$ 同方向变化，即供给量随运价上涨而增加，随运价下跌而减少，这是运输供给的一般规律。如图3-1所示，$S$ 为运输供给曲线。

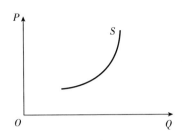

**图3-1 运输供给曲线**

运输供给曲线可分为企业供给曲线和行业供给曲线，它们分别表示单个企业和整个行业提供运输服务的数量同运输价格之间的关系。在几何上，整个行业供给曲线可由众多单个企业供给曲线叠加而成，即将同价格下的企业供给量相加，得到该价格下的行业供给量。

供给规律的形成是由生产者追求利润最大化的行为决定的。在各种生产要素价格（生产成本）以及其他因素不变的条件下，某种商品价格的上升会使生产者的利润增加，从而促使生产者加大对该种商品的投入，以增加供给；如果该种商品的价格下降，生产者获利减少，生产者就会将其掌握的生产资源转用于其他商品的生产，从而使该商品的供给减少。

运输供给表示在不同价格水平下，运输生产者愿意且能够提供的运输服务，它表示的是供给量同运价之间的一种对应关系，一个特定的运输供给对应一条特定的供给曲线。而运输供给量则表示在某一确定价格水平上，运输生产者提供的运输服务数量，它对应于供给曲线上的一个点。运输供给量的变动就是当非价格因素不变时，供给量随运价变化而沿供给曲线移动，每一运价水平对应一个供给量。运输供给的变动是非价格因素变化时导致的供给曲线的整体位移。如果供给发生了变动，即使价格不变，运输供给量也会发生变化。

如图 3 - 2 所示，当运价从 $P_1$ 升到 $P_2$ 时，供给量从 $Q_1$ 升高到 $Q_2$，这是供给量的增加；若为反方向，价格由 $P_2$ 降到 $P_1$，则供给量从 $Q_2$ 降低到 $Q_1$。在不考虑其他因素的情况下，当运价较低时，运输厂商会控制成本，降低消耗和运输工具的运作效率，减小运输供给量；当运价上升时，运输厂商愿意更充分地利用运输工具，多装快跑，扩大运输供给量。因而，运输供给曲线一般表现为向右上方倾斜，如图 3 - 2 所示。运输供给曲线可以是直线形，也可以是曲线形。

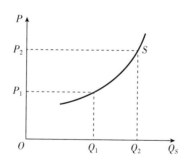

图 3 - 2　运输供给曲线

如图 3 - 3 所示，当非价格因素发生变化时，运输供给曲线由 $S_0$ 变为 $S_1$ 或 $S_2$，此为运输供给的变动。其中 $S_0$ 变为 $S_1$ 被认为是供给减少，一般是运输设备拆解报废，运输能力减少；而增加运输能力，投入更多的运输设备，则会使 $S_0$ 变为 $S_2$，称为供给增加。

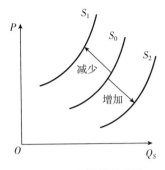

**图 3 - 3 运输供给变动**

### 三、运输供给的影响因素

影响运输需求的某些因素同样会影响运输供给,影响运输供给的因素主要体现在以下几个方面:

1. 经济因素

一个国家或地区的经济状况直接影响着运输供给的发展。综观世界各国,运输业发达、运输供给水平较高和运输供给能力较强的国家,是经济发展水平较高的一些发达国家,而广大的发展中国家,大多是运输业落后、运输供给短缺的国家。从一国经济发展的历史也可以看出,运输供给能力和水平是受制于该国当时的经济发展总水平的。国家或地区的经济实力越强大,越可能拿出更多的国民收入投入到运输基础设施建设和运输设备制造中去。从一个国家不同地区的局部运输供给也可以看出上述规律性,如我国的珠江三角洲地区、长江三角洲地区、京津唐地区、辽东半岛、山东半岛等是我国经济发达地区,其运输基础设施比较齐备、运网密度较大、运输配套水平较高,所以这些地区是我国运输供给水平较高、运输供给能力较强的地区;而青藏高原地区是我国经济相对落后的地区,也是运输供给能力相对较差的地区。

2. 政治与军事因素

运输业是一个国家重要的基础产业,它不仅关系到一个国家经济的发展、政治的稳定,而且关系到国防的巩固。各国政府一般都对运输业实行不同程度的干预,因此政治和军事因素也会对运输供给产生重要的影响。运输政策是影响运输供给的重要政治因素,它是一个国家为发展运输业而制定的准则,是经济政策的组成部分。运输政策的制定需要从经济、政治、军事以及国际社会等各个方面加以考虑,因而是国家利益的重要体现。特别是对运输业的重要领域,如国际航运业，各国政府或给予财政支持，或给予行政和法律保护，这些扶持和保护的政策措施无疑对运输供给能力的增加提供了有力的支持。

军事运输是一个国家运输业的重要组成部分，运输经济学的研究对象虽然不包括军事运输，但军事因素对运输业的影响是显而易见的。一个国家运输网的规划、设计和建设不能不考虑到国防建设和军事上的需要，军事运输要经常利用民用运输线路；同样，军事运输线路在平时也可以转为民用运输，我国在 20 世纪初（最早 1908 年）所修建的"战备公路"至今仍在经济建设中发挥着重要的作用。

### 3. 技术因素

科学技术是推动社会发展的第一生产力，也是推动运输业发展的第一生产力。新型运输工具的出现、运输工具性能的重大改进都是科技进步的结果。科学技术对于提高运输生产效率、降低运输成本、提高运输服务质量、提高生产的组织管理水平起着重要作用。从运输工具的发展史就可以看到科学技术在提高运输供给中的巨大作用。因此，科学技术的应用既提高了运输供给量，也提高了运输供给能力。

### 4. 市场价格因素

市场价格因素的影响体现在运输服务价格、运输服务成本、运输的相关市场的价格等方面。运输服务价格是影响运输供给量的重要因素。在其他因素不变的情况下，运价同运输供给量呈同增、同减趋势。当运价降低时，运输企业往往采取降低运输设备运转速度以减少耗油，不去异地载货而宁愿原地等待以减少成本支出，甚至停航封运等措施，使市场的运输供给量减少；反之，当运价增高时，运输企业会不断挖掘潜力，多装快跑，提高运输工具的使用能力，使市场的运输供给量增加。运输价格是由运输成本决定的，引起运输成本变动的因素很多，主要是生产要素价格和生产技术状况。生产要素价格上涨，必然导致运输成本的增加，使运输供给减少。生产技术的进步则意味着运输能力的提高或运输成本的降低，其结果是能够在原运价水平下增加运输供给量。运输的相关市场如运输工具的制造市场、运输工具的买卖市场等，其价格也将影响投放到运输市场上的供给能力，如船舶买卖市场的动态，往往反映闲置吨位进出市场的趋势。

价格因素不仅是影响供给量的重要因素，还是影响供给的重要因素。由于市场价格的上升，也会刺激社会资源向运输领域转移，使得造船量、造车量增加，运输供给得以提高。反之，市场萧条，大量运输工具报废或拆解，使得运输供给减少。

## 第三节　运输供给价格弹性

### 一、运输供给价格弹性的含义

影响运输供给的因素有经济因素，包括经济总水平、交通建筑业的发展水平、运输设备制造业的发展水平，还有政治与军事因素和技术因素。为了定量地研究运输需求受各种因素的影响程度及运输需求量的变动程度，我们需要引入运输需求函数的概念。运输需求函数是用函数形式来表示运输需求与其影响因素之间的基本数量关系。与运输需求曲线相类似，不同的运输供给曲线在位置和形状上都存在着差别，之所以如此，是因为不同的运输供给对决定和影响供给的经济变量的反应程度和敏感程度是各不相同的，而这种反应程度和敏感程度是可以用供给弹性来表示的。运输供给弹性主要是运输供给的价格弹性。

### 二、运输供给的价格弹性

运输供给的价格弹性（简称供给弹性）是指在其他条件不变的情况下，运价变动所引起的供给量变动的灵敏程度，表示为：

$$E_S = \frac{\Delta Q/Q}{\Delta P/P} = \frac{\Delta Q}{\Delta P} \times \frac{P}{Q} \qquad (3-3)$$

运输供给的价格弹性也可以表达为运输价格变动一单位时，运输供给量变动的程度。供给曲线上某一特定点处的价格弹性称为这一点的点弹性。点弹性可以表达为：

$$E_S = \lim_{\Delta P \to 0} E_S = \frac{dQ}{dP} \times \frac{P}{Q} \qquad (3-4)$$

供给曲线上某一段弧处的价格弹性称为这段弧的弧弹性。弧弹性可以表达为：

$$E_S = \frac{Q_2 - Q_1}{P_2 - P_1} \times \frac{P_1 + P_2}{Q_1 + Q_2} \qquad (3-5)$$

由于运价同运输供给量同方向变动，所以供给弹性的数值为正值，这样，供给量对运价变化的反应程度可以用供给弹性值的大小衡量。$E_S > 1$ 表示供给富有弹性；$E_S < 1$ 表示供给缺乏弹性；$E_S = 1$ 表示供给是单位弹性。

供给曲线上每一个点表示一定的供给状态。根据供给曲线上的特定点，可检验其供给弹性的状态特征，即是富有弹性还是缺乏弹性。

图 3 - 4 中 $S$ 为一条供给曲线，要检验 $S_1$、$S_2$、$S_3$ 三个特定点的供给弹性，可采用简便的切线判断法。分别做 $S_1$、$S_2$、$S_3$ 处的切线 $L_1$、$L_2$、$L_3$，并与坐标轴相交。切线 $L_1$ 与运价轴 $P$ 首先相交，则 $E_S > 1$，如 $S_1$ 点；切线 $L_3$ 与供给量轴 $Q$ 首先相交，则 $E_S < 1$，如 $S_3$ 点；切线 $L_2$ 穿过原点，则 $E_S = 1$，如 $S_2$ 点。

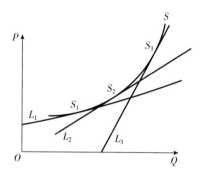

图 3 - 4 运输供给价格弹性

如果供给曲线为直线，则过价格轴的供给曲线 $E_S > 1$；过供给量轴的供给曲线 $E_S < 1$；过原点的供给曲线 $E_S = 1$；平行于供给量轴的供给曲线 $E_S = \infty$；垂直于供给量轴的供给曲线 $E_S = 0$。通常在运输市场上，供给弹性呈现为富有弹性和缺乏弹性两种情况。

### 三、运输供给交叉价格弹性

两种商品之间可能存在替代或互补的关系。运输是一种服务，是一种特殊商品，不同运输方式之间存在某种程度的可替代性和互补性。商品之间的替代关系导致商品间的竞争，而互补关系则导致两者之间的协同。因此，有时要研究在运输企业、各运输方式之间的供给交叉价格弹性（交叉价格弹性一般也称为交叉弹性），即某种运输服务价格的变动引起的另一种运输服务供给的变动的灵敏程度，表示为：

$$E_{SAB} = \frac{\Delta Q_A / Q_A}{\Delta P_B / P_B} = \frac{\Delta Q_A}{\Delta P_B} \times \frac{P_B}{Q_A} \qquad (3 - 6)$$

式中，$E_{SAB}$ 为 B 种运输服务价格变化引起 A 种运输服务供给的变化的弹性值（A 对 B 的价格交叉弹性）；$Q_A$、$\Delta Q_A$ 为 A 种运输服务供给量及供给量变化值；

$P_B$、$\Delta P_B$ 为 B 种运输服务价格及价格变化值。

理论上，若 A、B 相互独立，不可替代，则 $E_{SAB} = 0$；若 A、B 可替代，则 $E_{SAB} < 0$；若 A、B 互补，则 $E_{SAB} > 0$。若 $-1 \leqslant E_{SAB} \leqslant 1$，则 A、B 间的交叉弹性小；若 $E_{SAB} < -1$ 或 $E_{SAB} > 1$，则 A、B 间的交叉弹性大。具体如图 3 - 5 所示。

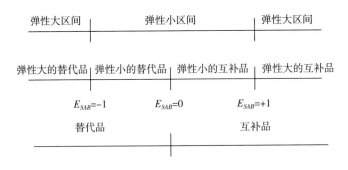

图 3 - 5　交叉价格弹性区划示意图

### 四、运输供给价格弹性的特点

供给价格弹性是指市场商品供给量对于价格变动做出反应的敏感程度，通常用供给量变动的幅度对价格变动幅度的比值，即供给价格弹性系数来表示。现实生活中，资金密集、技术密集型行业经营规模改变困难，其产品的供给弹性小；劳动密集型行业经营规模改变容易，其产品的供给弹性大。农产品中，木材等生产周期长的供给弹性小，蔬菜等生产周期短的供给弹性大；易腐变质、难以储存或有储存期限的产品供给弹性小，易于储存的产品供给弹性大。以下是运输供给的价格弹性的特点：

1. 同考察期间的长短有关

运输业是资金密集型产业，初始投资大，建设周期长，运力贮备风险较大，所以短时间内调整运力不易做到，供给价格弹性较小。但从长期考察，运输市场在运价的作用下，供给与需求会趋于相互适应，表明在长期内运输供给具有足够的弹性。

2. 同运输市场上供需的相对状况有关

当运输需求低迷时，通常运输市场供给过剩，因此具有较大的供给价格弹性；运输需求旺盛时，通常运输市场供给紧张，即使价格上升，也无大量供给投入，因此供给弹性较小。

3. 同运价波动的方向有关

运价朝不同方向变化时，运输供给价格弹性大小也不同。一般来说，运价上涨时，刺激供给增加，运输供给弹性较大；运价下跌时，供给并不情愿退出市场，只有实在难以维持时才被迫退出市场，故供给弹性较小。

4. 同运输市场范围有关

运输经营者往往是分布于各个地区的承运人，其行动基本上是相互独立的。各个经营者无力左右运输市场的价格，只能在一定的运价水平下采取一定的营运策略。当运价上涨或下跌时，运输经营者将采取复运或停运、租进或租出运力、买入或卖出运输工具、推迟或提前报废运输设备等策略以增加或减少运力供给。若市场上在较长时期内运价坚挺，就会刺激运输经营者竞相投资订造新的运输设施或工具的兴趣，增大供给能力，因此，个别的供给弹性较大。

从整个运输市场考察，其供给弹性可能与个别供给有所不同。在短期内运价上升，虽有租进或买进运输设备等活动，但是在新运输设备投入市场之前，整个市场的供给量不会有显著增加，其主要增加的运力是复运运输设备和加速运输的结果。当运价上涨并且在一段时间内保持较高的水平时，必然会引起运输工具价格的上升，这时用巨额投资建造新的运输设备的热情会有所减弱。因此，整个市场的供给弹性相对较小。

### 五、运输供给价格弹性的影响因素

影响运输供给价格弹性的因素有以下三个：

1. 运输生产要素适应运输需求的范围大小

运输服务就是使运输对象发生空间位移，但个别运输需求的差异性会导致运输服务的生产要素的差异性。如果运输生产要素适应运输需求的范围大，则供给弹性就大；如果运输生产要素适应运输需求的范围小，则供给弹性就小。例如，杂货船与油轮相比，杂货船适运货物范围广，在运输市场上便于灵活调配，供给价格弹性大；而油轮专用性较强，较难转移到其他货类市场，因此供给弹性较小。

2. 调整运力的难易程度

一般来说，能够根据价格的变动灵活调整运力的产业，其供给价格弹性大；反之，难以调整的，其价格弹性就小。定期船市场与不定期船市场相比，前者调整运力较困难，供给价格弹性较小；后者调整运力较容易，供给价格弹性较大。

3. 运输成本增加幅度大小

如果一种运输服务增加供给引起的成本增加较大，其供给弹性就小；反之，

如果增加的成本较小，其供给弹性就大。例如，公共汽车运输在满员的情况下还能超员运输，其成本随运量提升而增加的幅度小，则供给价格弹性大；相对而言，处于运量饱和的货物运输再增加运量，就须增加运输工具、驾驶操作人员等，因此成本增加幅度大，此时的供给价格弹性小。

# 第四节　运输供给的分类

1925 年，马狮公司通过轮船将远在千里之外的非洲西岸的加那利群岛的西红柿运送到英国，从中赚取差价。但是，美味的加那利群岛西红柿在英国卖的时候口味却不是很好，销量低，几乎无利可盈。原来，由于路途遥远，为了防止西红柿腐烂，岛上的种植户提前采摘尚未成熟的西红柿，这样西红柿到达英国时刚好成熟。

得知原因后，马狮公司的董事长马克斯请求种植户待西红柿自然成熟后再采摘，并放弃海运改用空运，保证西红柿在采摘下来的 72 小时之内出现在英国人的餐桌上。自然成熟的西红柿口感非常好，大受英国人的喜爱而被抢购。但由于运输成本昂贵，马狮公司一直在亏本。半年后，马克斯只好无奈地向英国顾客宣布停止出售加那利群岛西红柿。然而，顾客强烈反对并主动建议马狮提高西红柿的零售价格，以保证适当盈利。

这件奇事一出，立即引来了媒体的关注和报道，这让马狮公司名声大振。最终西红柿的价格上涨了近 3%，销量却未受影响。马狮公司自此踏上了盈利的康庄大道，并成为如今英国最大的零售集团之一。运输方式的选择在马狮公司成功的过程中起到一定的基础性作用。

现代运输业是由铁路、公路、水路、航空、管道五种供给方式构成的。正确认识这五种供给方式的技术经济特点，有助于我们认识和处理它们之间的相互关系，提高运输供给能力和水平，保证运输供给总量，满足运输需求的增长。

## 一、铁路运输

### 1. 我国铁路运输的地位

我国疆域辽阔，内陆深广（东西跨越 5200 公里，南北最远相距 5500 公里），铁路运输成为内陆运输最为重要的方式。在中华人民共和国成立之后，我国政府就高度重视铁路的建设，20 世纪 50~80 年代是铁路初始发展时期，以线路建设为主。20 世纪 80 年代之后，我国铁路进入现代化发展时期，线路继续增加，并进行电气化改造、复线建设、多次提速，使铁路运输能力进一步发展。2018 年底，全国铁路营业里程达到 13.1 万公里以上，其中高铁里程 2.9 万公里以上。

我国铁路货运主要为西煤东运、北煤南运、北粮南调、南矿北运、西棉东送，以及南方、东部工业品向北、向西运输。近年来，五定班列和集装箱专用车厢、双层集装箱车厢的投入使用，使集装箱多式联运得以快速发展。基于我国经济发展的水平，铁路运输仍然是我国旅客运输的最主要方式。

我国铁路运输是旅客运输和中长距离货物运输的主要方式。其运输的主体是国有的铁路运输企业（铁路集团）和少量的地方铁路运输企业，由政府专营，采取政府统一定价和计划运输的组织方式，由各地车站代表铁路参与市场交易。铁路运输是国家调控运输市场的杠杆，是政府经济实行宏观调控、调节全国物资市场的工具之一。

2. 铁路运输的特点

铁路运输在世界运输业上已有一百多年的历史，至今仍在各国发挥巨大作用，这与其自身的特点和优点有十分密切的关系。铁路运输具有受气候影响较小、运输速度较快、运输量较大的优点。铁路运输费用较低，单位距离的运费随着距离的增长呈递减趋势。但是铁路线路固定，货物通过两端周转后，再利用铁路运输会大大增加运输成本。铁路运输更适合于铁路沿线附近无须转运的货物运输。铁路运输的特点如下：

（1）货运量大。一列火车货车，一般情况下一次可牵引 50 个车皮，运输货物 3000 余吨，最大可达 1 万吨，国外的列车最大载重甚至达 2 万吨。单线干线铁路年运输货物一般在 1000 万吨以上，双线干线铁路年运输货物一般在 2500 万~4000 万吨。

（2）速度较快。火车一般速度可达 100~160 公里/小时。现在我国已大量使用设计时速达到 350 公里/小时的高速火车。火车车速之所以在专线上可以高于汽车的车速，原因是火车在铁路上是封闭运行，设计者可以按指定行车车速去设计车和路，并使之高度匹配。

（3）运行的连续性高。铁路运输方式基本上不受气候、季节的影响，除受到特大自然灾害的影响外，可全天候运行。

（4）能源消耗较低。铁路运输方式中的能源利用水平比公路运输方式、航空运输方式高，比水路运输方式差。

运输方式的能耗有三种损失：坡度损失、变形损失、阻力损失。坡度损失主要来自线路的坡度。在几种运输方式中，坡度变化幅度由大到小依次为航空、公路、铁路、水路。变形损失主要来源于车轮或流体的变化。在几种运输方式中，变形损失由大到小依次为航空、公路、铁路、水路。阻力损失分为内摩擦损失和外摩擦损失。内摩擦损失主要来自动力系统，外摩擦损失来自空气与水的黏附阻力。火车、汽车的速度是处在同数量级的水平，故两者的阻力损失相当；航空运输由于速度高，所以运输的阻力损失就大；船舶的水阻力最大。综上所述，铁路运输的能耗低，主要是坡度、变形、阻力三项损失都较低的缘故。

（5）占地比公路少。据德国的调查，各种运输方式共占用的土地约占其国土面积的 4.8%，其中铁路占地约 0.4%。在同等运能条件下，铁路与高速公路之间的用地比为 1∶2.5～1∶3。铁路运输之所以比公路运输节约土地，是因为其运输系统的集中化、标准化程度大大高于公路运输系统。

（6）安全舒适、适宜长距离运输。这一特点主要是针对客运而言的。铁路客运列车是由多节车厢组合而成的，可实现在途时间中的生活日常化，通过卧铺、餐车、厕所、流动售货和不断供水等来保障日常生活，在铁路上行车平稳、受外界环境干扰小等均保障了列车行驶中的舒适性。

铁路运输过程中的事故少。据国外的统计表明，在同等运能条件下，高速公路上的交通事故死亡人数为铁路的 27 倍，受伤人数为铁路的 10 倍。按完成单位客运量的事故伤亡人数来看，航空运输也是铁路的数十倍。铁路的高安全性来自列车运动横向的不可移动性，火车运动受轨道的束缚，只能在狭窄的空间内来回高速运输。因此，铁路是一种最宜用的硬（结构设计）、软（制度、管理）件配合解决环境安全问题的运输方式。

由于铁路运输具有系统性强、列车日常生活化程度高、安全性高、能耗低、运输成本不高等优点，故很适宜长途运输。

（7）对环境污染小，噪声低。电气化铁路运输过程中几乎无废气排出。火车焊接长钢轨无缝线路的噪声强度可降低 5～10 分贝，而且在人口稠密区还可以采用隔音墙的方法使噪声得到有效控制。火车噪声对城市的影响大大低于喷气式客机的影响。

（8）运输成本不高。铁路运输成本在几种运输方式之中处在居中水平。铁路运输成本比公路运输成本低，但比水路运输成本要高。使铁路运输成本介于公路和水路运输之间的深层原因，主要还是由于铁路运输的单次运量介于汽车与轮船之间，即运输规模是影响运输成本的重要原因。

## 二、公路运输

### 1. 公路运输的地位与发展

公路运输是世界各国普遍采用的运输方式，这与它具有其他运输方式所不可替代的特点有关。公路运输是地区运输市场的主力，以汽车运输的方式为主。公路运输市场的开放程度最为彻底，我国已形成主要以个体运输业者为主的完全竞争市场。随着我国高速和高等级公路网的建设与完善，长途汽车运输的规模也在不断增大。公路运输的对象包括货物和旅客，在多数城乡和部分城市之间，汽车运输是旅客运输的唯一方式。

公路汽车运输是短途运输的主要运输方式，其运输的经济距离为几百公里。它适合近距离货物运输，或者是其他运输方式两端运输的环节。公路运输具有高密度、机动性强的优点，但是单位运量较小、运输成本较高。公路运输的运费与运距之间呈非线性变化关系。运量小时运费较高；在适当运量时，由于运输设备充分利用，运价降低；若运量过大，会造成交通阻塞、运力占用过量，从而促使机会成本显著升高，运费大幅上升。

虽然公路设施建设特别是高速公路建设成本巨大，但公路运输企业的投入相对较少，因而汽车运输市场是一个低门槛的市场。

### 2. 公路运输的特点

（1）机动、灵活、方便。截至 2015 年末，全国公路总里程 457.73 万公里，其中高速公路里程 12.35 万公里；公路网密度为 47.68 公里/百平方公里。公路网密度要比铁路网、水运网密度高十几倍。公路分布面广，全国 99.87% 的乡、村能通汽车。厂内、厂外、田间、仓库、码头等地均可进行公路运输，而且可以上门取货、接客，送货、送客到家，实现门到门直达运输，避免中转换装环节，减少货损、货差。公路运输还可以为其他运输方式提供集散服务。

公路运输时间可根据用户要求随时调度，并可满足各式客、货装载要求，正是这种机动、灵活、方便的特点，使公路运输越来越受现代人的喜爱。

（2）运送速度快。在运送过程中，运送速度是对客、货运输的对象而言的。公路运输具有门到门直达的特点，运输对象在运输过程中无须中途换装、换乘，这样可使旅客或货物在中、短途运输时在途时间缩短，从这个角度来说，公路运输的运送速度也相对加快了。

20 世纪 80 年代日本运输省调查统计数据表明：公路货运的运送速度平均比铁路货运快 5.8 倍，比水运快 2.6 倍。苏联曾对 200 公里范围运距内两种运输方

式的运送速度进行了比较研究，结论是汽车运送速度比火车运送速度快4~6倍。

上述汽车运送速度较火车快，都是相对中短途运距而言的，倘若在有高速公路、有高速大容量车辆及良好的管理条件的情况下，汽车进行长途运输的运送速度甚至可以超过火车。

运送速度快的意义在于可以大大加速资金的周转，这样不但可提高货币价值，而且有利于保证货物质量不变、提高客货的时间价值。因此，高档、贵重物品，鲜货，以及需紧急运输的客货，多数采用公路汽车运输。

（3）原始投资少，资金周转快。公路建设不像铁路要铺轨、安装复杂的信号通信系统等，所以一般等级公路建设的原始投资少。特别是运输车辆的投资较少，资金周转快，且投资回收期也短，利润率也较高。美国有关资料显示，在正常经营条件下，汽车运输投资每年可周转2~3次，而铁路运输则需3~4年才周转一次。此外，汽车驾驶技术容易在较短时间内掌握，火车、轮船的驾驶人员则需数年才能培养成才。

（4）公路建设占地多，高等级公路建设投资大。美国公路网占其国土的3%。汽车的停放也需占用土地，例如停放1亿辆汽车就需几百万亩的土地。高速公路运输能力平均只有Ⅰ级单线铁路的1/4~1/3，但其单位投资却比Ⅰ级单线铁路高5%~100%。

（5）运量小，能耗大，运输成本高。汽车运输中的能耗占到运输成本的30%~40%，高速公路上单位运量的能耗就比铁路高2~3倍，货运每百吨公里单耗1.9千克标准煤，可见公路运输的能耗高。公路运输运量小，难以实现规模效应，而能耗又在其总成本中占很大的权重，故而公路运输的成本高。

（6）污染环境严重，事故率高。汽车运输有四种污染：一是气体污染，主要有铅、一氧化碳（CO）、碳氢化合物、二氧化硫（$SO_2$）和氮（N）的氧化物；二是固体污染，主要来自废弃的汽车和轮胎等；三是噪声污染，主要来自汽车运动时的噪声，噪声如果大于70分贝就会损害人体健康；四是电磁波污染，干扰源来自发动机火花塞。这些污染的积累都会造成环境严重污染。

公路交通的安全事故率大大高于铁路，如高速公路上的交通安全事故率是铁路运输的十几倍或几十倍。其原因是车辆安全难以控制，驾驶员素质与作息难以保证，行车环境恶劣（相对于铁路而言）等。

### 三、水路运输

1. 水路运输的地位

水路运输（简称水运）是以船舶运输为核心的运输，包括海上运输、内河运输、湖泊运输、港口装卸作业和仓储构成的水运运输体系。我国东、南、东北面分别濒临四大海域和两个海峡，陆地上三横纵的长江、珠江、黑龙江、京杭大运河水系，为水运带来了极大的便利条件。水运在我国运输体系中占有重要的地位。

水路运输主要以大宗货物运输、集装箱运输为主，如煤炭、粮食、石油、钢材、海盐、矿石等大宗货物。近年来，沿海集装箱运输得到大规模的发展，成为我国华南、华北、华东、华中地区商品流通的重要方式。

集装箱运输近年来在国内水运中得到高速的发展。集装箱作业采取完全的机械化，大大提高了装卸作业效率，加快了周转速度；高速的转换运输作业、标准化箱型的实行，使集装箱特别适合于多式联运的开展，实现门到门的运输；集装箱本身的强度具有保护货物的能力，大幅度降低了货物的运输包装成本，提高了运输质量，且有利于降低整体物流成本。目前，大多数适箱的货物都已采用集装箱运输，特别是高价值的工农业产品、日常生活用品、食品、化工添加原料及产品、危险品等均采用集装箱运输。集装箱装卸船舶的高效率，使船舶的周转速度大大提高，船舶停港时间大为缩短和可受控制，能够实现船舶定线、定港、定时的标准班轮运输。

水运具有大运量、低运费的优点，但是运输时间较长，货损、货差率较高。货物采取水运，运费支出较低，但仓储费用较高、时间成本较高，若在水运中涉及多次的转运换装，将会大幅度增加运输成本。

水运市场是我国最为开放的运输市场之一，参与水路运输的主体有各种经济成分（个体船户不能从事海上运输），政府主要以法规法制的方式来进行管理。

2. 水路运输的特点

水路运输包括内河运输和海洋运输（简称海运），是交通运输业之祖先，至今仍在现代运输业中发挥不可替代的作用。

（1）运量大。海运船舶的载重吨位从几千吨至几十万吨，油船最大载重量达到56.3万吨，2011年最大的矿石船的载重量达到40万吨。内河轮船的载重吨位也有几十吨甚至几千吨。

（2）能耗小，成本低。据2015年交通行业发展统计，我国铁路运输百万换算吨公里综合能耗4.68吨标准煤，海运每千吨海里单耗5.2千克标准煤，水运单位能耗只为铁路运输的60%，而运输业中能耗成本占运输成本的35%～40%，由此可推算出水运成本只有铁路运输成本的70%左右。所以，各国的水路运价均要比铁路运价低，如美国内河运输的平均运费仅为铁路运输的1/3，德国这一

数值为 1/3 ~ 1/2。

水路运输成本低的原因除能耗低外就是运量大，正是这种规模效应才导致其运输成本大大下降。

（3）投资少，占地少。据统计，整治内河航道的投资每公里只相当于公路建设和管道铺设所需投资的 1/10，只相当于铁路建设的 4%。前些年国家对交通的投资占国家总投资的 17%，但内河航运投资仅占 1%。

在我国，平均建设 1 公里铁路约占农田 25 亩，内河航道几乎不占用农田。我国人均耕地本来就少，不到世界平均水平的 50%，保护农田刻不容缓。内河航道建设还可与防洪、发电、灌溉等项目结合。

（4）生产率高。美国内河航运中的劳动生产率是铁路运输的全员劳动生产率，为 382 万吨公里。我国内河航运的全员劳动生产率为 50.6 万吨公里，是铁路运输劳动生产率的 112%。水路运输的劳动生产率之所以高，主要原因是其运量大，其规模效应促进了操作的机械化，因而提高了劳动生产率。

（5）航速低，机动性差，易受气候影响。现在海运轮船的航速一般只有 25 ~ 40 公里/小时，内河船舶的航速更低，货物在途时间长，增加了货主的资金占用量；水运的机动性差，仅可在合适的水域运行，往往需要借助于其他运输方式来集散客货，中转换装环节多，易造成货损、货差；气候的影响常常导致轮船难以连续装卸运输，海运遭受自然风险影响更大。

### 四、航空运输

#### 1. 航空运输的地位

世界航空运输的历史不足百年，但其发展速度惊人。现在每天都有几千架飞机在空中穿梭，航空运输无与伦比的特点使其越来越受各国的欢迎。

经过近 20 年的建设，我国已形成功能齐全、布局合理、设施先进的机场网点。大量采购的先进机型，使我国民航机型已达到世界先进水平。航空运输成为近年来发展最快的运输方式，并保持高速的增长势头。航空航线将全国各大城市连成网络。航空运输已成为国内旅客运输的重要方式，航空货物运输量也在不断增加。2018 年，全行业完成运输总周转量 1206.53 亿吨公里，比上年增长 11.4%。国内航线完成运输总周转量 771.51 亿吨公里，比上年增长 11.1%，其中港澳台航线完成 17.51 亿吨公里，比上年增长 8.8%；国际航线完成运输总周转量 435.02 亿吨公里，比上年增长 12.0%。航空运输公司已成为自主经营、自负盈亏的航空运输企业，在国内航线上基本体现了"适度竞争，协调发展"的市场模式。

航空运输为商品贸易提供了速度特快、送及内陆的直达运输。由于航空运输的小批量、高成本，因而运输费用极高。航空运输适合于高价值、时间性极强的少量商品的运输，如贵重物品、活鲜易腐物品、邮件、样品等运输价格弹性极小的商品运输。随着我国人民生活水平的不断提高，航空运输将会成为旅客运输的首选方式。

2. 航空运输的特点

（1）速度快。这是航空运输最大的优势，先进的航空运输机速度为 900 ~ 1400 公里/小时，比火车快 5 ~ 10 倍，比轮船快 20 ~ 30 倍，航程可达 10000 公里。航空运输所创造的时间价值是其他运输方式无法比拟的。

（2）机动性大。航空运输的机动性源于其运输过程中只需在起止点有合适的机场，可以起降，就可以开辟航线进行运输，不受地理条件的限制。凡是要求在短时间内与边远闭塞地区建立交通联系，都可以考虑航空运输。例如，灾区的物资供应和医疗救助、近海油田的后勤支持，航空运输均是理想的方式。但要注意，航空运输的经济效益和安全往往得不到可靠保证。

（3）舒适。舒适性源于飞机不能超载运输，按高技术标准设计，且客舱宽敞、噪声小，有饮食、视听娱乐设备。喷气式客机的飞行高度一般在万米以上的平流层内，它不受低空气流的影响，飞行平稳、舒适。

（4）建设周期短，投资少，回收快。航空运输中筹办开航所需的建筑物和设备较少，仅是两端的机场兴建和飞机的购置，故投资少、建设快。据测算，在相距 1000 公里的两座城市之间建条交通线，在相同的载客能力下，修建铁路所需的投资是开辟空中航线所需投资的 1.6 倍；铁路建设周期约 5 ~ 7 年，民航只需 2 年。投资回收期铁路为 33 年，民航只需 4 年。航空运输基本建设中，航线无须占用土地，仅是机场建设占地，这一点也是铁路运输和公路运输无法比拟的。

（5）运量小、能耗大，运输成本高，易受天气条件影响。飞机的机舱容积和载运重量都比较少，像波音 747 飞机，其载运量也仅仅为 76 吨。但飞机速度快，一天可往返多次，使它成为一种中型运输系统。能耗大主要是因为飞机要负载荷上升数千米，在近万米的高空中高速飞行，坡度损失和空气阻力损失很大。运输成本高主要是因为运量规模小和能耗大。因而其运价要比其他运输方式都高。低价值货物是不适合航空运输的。

飞机飞行在一定程度上受气候条件和气象条件的限制，如强降雨、台风、雷

电、浓雾、下雪时等都不适合飞机飞行。相比其他运输方式，航空运输受气候影响最大。

### 五、管道运输

#### 1. 管道运输的发展

管道运输在我国历史悠久，公元前 20 年，人们就采用打通的竹子相连接后长期输送湖水，我国具有现代意义的运输管道是 1958 年修建的从新疆克拉玛依油田到独子山炼油厂的 47 公里原油管道。我国于 1963 年修建了第一条长 55 公里的输气管道，之后大庆、华北、中原、胜利油田都采用了由管道将石油运往炼油厂或海港的运输方式。西气东输工程将塔里木盆地和长庆气田的天然气通过管道送到华中、华东、华北的众多城市，形成大范围的天然气输送网，主干线全长4200 公里，采用直径 1016 毫米的管道。截至 2017 年底，中国境内在役油气管道总里程累计约 13.31 万千米。全年新建成油气管道总里程约 7159 千米（已扣减退役封存管道），较上年新建成里程数增加 632 千米，增幅为 10%，并且新建成管道以续建工程和天然气管道为主。其中，新建成天然气管道约为 2941 千米，比 2016 年新建成里程数增加 58 千米；新建成原油管道 2813 千米，考虑扣除退役封存管道后，比 2016 年新建成里程数增加 1341 千米；新建成成品油管道 1677千米，比 2016 年新建里程数减少 767 千米。管道运输的对象是液体或者气体，包括石油、煤浆、淡水等浆体、液体，天然气、石油气、化学气体等气体。管道运输已成为城市供水、供气、供热的唯一方法。管道运输采取全程封闭式运输，可以实现连续不间断的运输，但只能进行单向运输。管道运输的投资额极大，只能在完全建成后使用，但其运输成本极小，因而特别需要规模化的运输，以分摊固定投入。管道可以掩埋在地下，不占用地面土地，运输过程基本没有环境影响。管道运输只能是专用性的运输，具有高度的自建自用的特点。

#### 2. 管道运输的特点

（1）运输货物种类有限，管道只能输送流动态物质。固态物质则需要粉碎，用水制浆后才能传送。对黏性大的浆体货物还需沿管道加热、加压，或添加增强流动性的添水装置。管道运输能送的货物种类是有限的。

（2）连续性强，货物运输完整，损耗小，有保障。这一特点源于管道运输系统是封闭运输的。

（3）货物运送简便。货物运送过程中无须换装，可直达用户或仓库。运输过程中无回空现象，故经济效益好。但只适用于不间断的单方向大批量运输的需求。

（4）运输成本低，运输安全，污染小。管道运输是靠机械作业实现货物运输的，整个过程的完成需要的劳动力很少，管道运输在大量运输时其运输成本与水路运输接近，燃料消耗量也较铁路运输低得多。例如，20 世纪 60 年代美国俄亥俄煤炭运输公司所修建的第一条煤炭运输管道（长 173.8 公里），运送每吨煤的运输成本仅 0.76 美元。

运输安全可从两方面理解：一是由于管道运输是封闭式机械作业，货物可安全地抵达用户，易燃的油料在管道中运输既可以减少挥发，又能保证安全。二是一旦出事故，对环境的影响小。如若采用大型、巨型油轮运输石油制品，一旦发生事故，对海洋环境的影响就极为恶劣，且处理污染的费用还很高，但管道运输的影响就小得多。

（5）不占用地表土地管道。深埋于农作物种植所需深度之下，基本上不占用耕地。

（6）管理简单，使用方便。管道运输可全天候进行，连续性好、封闭作业、货物品种少、运送批量大，因此运输的管理较简单。由于输送干线与支线为一体，数量的可控性好，所以管道运输的使用也较方便。

### 六、多式联运

多式联运是指由两种或两种以上的运输方式之间实行两程或两程以上的相互衔接、转运，联合实现货物或旅客的全程运输。多式联运是多种运输工具、多道运输环节、多种运输方式衔接的组织方式，通常可以理解为铁路、公路、水路、航空、搬运等各运输环节联结起来的运输方式。多式联运是按照社会化大生产客观要求组织运输的一种方法，它通过各环节的协调配合，充分发挥各种运输方式的优势，提高运输效率，缩短运达期限，以获得最佳的运输经济效益。

多式联运的优点如下：

（1）方便旅客和货主，实行一票到家，简化旅行和托运手续。

（2）减少旅客中转业务手续和货物运输中转搬运环节，缩短旅客或货物流转时间和全程运费支出，节约大量的人力、物力、财力，能取得较好的经济效果，而且效率高，加快了运达速度。

（3）提高不同运输方式的协作配合，计划性强，使客源、货源相对稳定，提高参加多式联运企业运输工具的利用效率，资源利用率高。

（4）多式联运把一些地区的运输手段结合为新的综合运输能力，扩大了运输组织面，从而为选择经济运输线路提供了新的条件，促进了合理运输。

我国地域辽阔，水、陆、空交通交错，运输方式多种多样，旅客或货物往往需要几次中转才能完成全程运输，因此实行多式联运是十分必要的。国际多式联运方面，工业发达国家极其重视组织多种运输方式的联运，在公路、铁路联运中已广泛采用驮背运输，即把汽车拖挂的挂车或带底盘车的集装箱直接装上铁路车辆，运至中转地点后再用汽车拉走。这样可节省装卸和包装费用，减少货损，有利于开展"门到门"运输。许多国家的运输业为了提供多样化服务，满足货主需要，较普遍地成立专业性货运公司，负责办理承、托运和组织货源工作，既为货主提供劳务，又为运输业提供货源。美国联邦快递公司在美国 125 个城市中设有服务网点，负责承运小件货物。法国包裹运输公司在法国有 17 个换装中心站和 350 个联运作业网点。瑞典 ASG 货运公司除在其国内形成联运服务网外，还把其分支机构或有相互业务往来的货运公司扩展到世界各地，形成国际货运代理网，开展国内外货物的承、托运和运输咨询业务，实行"一次托运、一票直达、一次清算、一次保险"，并采用电传、信使等手段，加快送达速度和结汇时间。

多式联运的优点已经得到越来越多的认可。多式联运是效能运输发展的必然趋势，具有强大的生命力和发展前途。

### 七、多种运输方式比较

#### 1. 适用范围比较

每种运输方式由于主要技术特点的不同，因而有效适用范围也有所不同。在选择运输方式时，必须先要了解每种运输方式与运输对象间的有效匹配关系，这也是运输方式的有效适用范围问题。各种运输方式的适用范围比较如表 3 - 2 所示。

表 3 - 2　各种运输方式的适用范围

| 运输方式 | 主要技术优点 | 有效适用范围 |
| --- | --- | --- |
| 铁路 | 牵引阻力低，货类适应性较强，安全 | 大宗货物、一般货物运输；城市间运输；中、长距离运输 |
| 公路 | 适应性（尤其是径路机动性）高，枢纽内及地方运输，中等运行速度，方便程度高 | 专业运输：零担货物及中等规格数量的普通货物运输；集装及分送；中短途运输；支线运输 |

续表

| 运输方式 | 主要技术优点 | 有效适用范围 |
|---|---|---|
| 水路 | 每船（或拖船）小时净载重吨公里产量高 | 大件货物运输；低档货物运输；有水道且其他运输工具又不能到达地区的运输；速度不是主要运输要求的一般货物运输 |
| 航空 | 高速 | 时间是重要因素的运输；中长距离运输；单位体积及重量价值高的货物运输 |
| 管道 | 流程连续，安全可靠性高 | 总运量及日运量大的运输；要求运输不间断，其货物为液体或浆体的运输 |

2. 技术经济特征比较

每种运输方式均有自己的优点和缺点。运输业发展到建立综合运输体系的时期，让各种运输方式扬长避短、相辅相成，才能最大限度地发挥运输业的总体效益。

3. 线路占地比较

各种运输方式的线路都需要占用土地，土地是国家的珍贵资源，我国是人口大国，这一点表现尤为突出。

 问题与思考

1. 什么叫运输供给和运输供给量？两者有何关系？

2. 供给曲线反映什么关系？供给量和供给的变化使供给曲线如何变化？

3. 影响运输供给和供给量的因素有哪些？

4. 运输供给弹性表现了什么经济关系？

5. 试讨论铁路运输供给的增加对政治经济的影响意义。

6. 为什么运力失衡会导致航运企业陷入困境？

案例分析

**航运中的运力过剩问题**

运力过剩是航运界面对的一大难题，不少业界人士不断推测无货可运船只的数量。马士基公司 2008 年 12 月初时曾在其网站上宣布，经过一段时期对欧亚线、泛太平洋线和中美至亚洲线的调整后，部分货船未获重新安排新航线。由于运费受压，运费水平甚至不足以补足成本，将船只封存更符合经济效益。该公司将 8 艘 6500 标准箱的货船封存，准备至 2009 年中再重新启用。文章还提到，运费水平是决策的关键因素，马士基会继续积极控制成本，包括整合航线、货船减速和共享船只。假如市场情况未见改善，将会封存其他货船，直至运费回升。

2009 年有专家预测航运市场情况：在 2009 年世界金融危机的影响下，国际航运市场不景气将持续 3~5 年，BDI 指数下跌到 1000 点之下以后，拆船业也将兴旺 3~5 年，保持一定的发展规模。全球运输处于买方市场，船东将越来越希望把一些老船拆除，当时欧盟海事委员会正计划推动成员国船东加快拆船，以应对气候变化和经济危机两大问题。至 2014 年前，全球估计有 4300 艘船被拆解。

 案例讨论

1. 运输供给与其他商品的供给有什么异同？
2. 为什么在运价下跌时，该公司会封航、停航船舶？
3. 以上案例中船舶封存与拆解有什么不同？
4. 运输企业的运价与运力之间有什么关联？

# 第四章　运输成本

成本是任何企业想要获取经济利益从而发生的必要支出，是一个企业经营管理的重要工具，所以成本资料的建立、分析与研究关乎企业经营的成败与荣枯。在运输业中，成本更具有其独特的意义和重要性，由于运输业在国内仍是一个受到管制的行业，其价格、利润等都在管制之下，而这些又都与成本有关，因此成本实际上是运输业定价（Pricing）、管制（Regulation）及补贴（Subsidies）等的基础。虽然目前国内外运输业已逐步解除管制，但有关各运输成本函数的探讨，对企业的运营管理仍会有所助益。因此，成本资料的探讨可使我们检讨过去、控制现在并且规划未来运输业的发展。

## 第一节　运输成本概述

运输企业在一定时间内完成一定客货运输量的全部费用支出，称为该期运输总成本。单位运输产品分摊的运输费用支出，称为单位运输产品成本，简称运输成本。运输成本是制定货物运输价格的重要依据，一般是指完成单位运输产品或旅客应分摊的运输费用支出。运输成本的特点是不包含原料费，而燃料、工资、折旧以及修理等项目支出占的比重较大。

在各种不同的运输工具或者运输方式之间，运输成本存在着一定的差别，也存在着各种比价关系。例如，铁路运输中货运有货物种类、整车、零担和集装箱等运输成本；客运有硬座、硬卧、软座、软卧等运输成本；水路运输中有内河、沿海运输成本，也有按不同的航线计算的拖驳、油轮等运输成本；汽车运输除单车成本外，有的还计算分线路和区域的运输成本；航空运输除计算各种机型成本

外，还计算专业飞行成本。合理的比价对于货源分配、货物流向以及各种运输工具效率的充分发挥起着十分重要的作用。

**一、运输成本的概念**

*1. 经济学的成本概念*

企业进行生产与经营中的各种支出称为成本，有些是可见的，有些是隐形的；有些可入账，有些无法入账。出于不同的分析角度，成本的概念有不同的解释。

（1）会计成本、机会成本和经济成本。对于企业在生产与经营中的各种实际支出，如工资、水电费、材料费用、中间产品费用、厂房设备折旧等，会计人员必须按照税法和企业会计准则的要求，把这些记入会计账簿，以客观公正地反映企业的财务状况和经营成果。会计成本是以实际发生为基础的，一般认为是属于财务方面的一项现金支出（资产减少或负债增加）。会计成本一般可区分为三种：迟延成本、费用以及损失成本。由于这种成本在企业经营中是显而易见的，因此也称为显性成本。

与企业会计人员习惯于回顾企业的财务状况不同，经济学分析更为关注企业的经济前景，希望通过优化资源配置来提高经济效益。为此，我们引入了机会成本的概念。与一般意义上的会计成本不同，机会成本不一定是做某件事的时候实际发生的账面费用支出，而是指为了做这件事而不得不放弃做其他事的一种代价。正如俗话所说的，当你得到一种东西时就意味着失去了另一种东西。这种你失去东西的价值就是你得到的东西的成本，经济学家将其称为机会成本。换言之，在投资方案选择中，放弃的其他方案中最大的收益为机会成本。即使用一种资源的机会成本是指把该资源投入某一特定用途所放弃的在其他用途中所能获得的最大利益。机会成本是会计成本之外的成本，在经济决策中先考虑机会成本后进行决策会更加合理。在资源稀缺的情况下，为了充分利用有限的资源，考虑机会成本是经济学研究的重要思路。例如，运输业者用自有的运输工具投入企业经营，看起来是不需要支付相应的利息和租金，但是，这并不意味着没有付出机会成本，因为这些购买运输工具的钱如果存在银行可以获得利息，如果投在其他领域也可能获得收益。这种假设中的利息收入或者收益，就是运输业者使用自有运输工具的机会成本。

理解机会成本需要注意的是，机会成本不等于实际成本，它是一种观念上的成本或损失；机会成本是做出一种选择时所放弃的其他若干种可能的选择中最好的一种；做出任何决策时不能只考虑获利情况，还要考虑机会成本。预期收益应大于或至少等于机会成本，否则，从经济学的观点看，这项决策就是不合理的。由于机会成本是一种经济学意义上的成本概念，因此我们也把这种成本称为经济成本。

（2）增量成本和沉没成本。增量成本是指一项经营管理决策所引起的总成本的增加量。例如，一家运输企业由于增加了新的货源，其投入要发生改变。对新增加货源的运输将引起变动成本（如燃料、物料、直接生产工人的工资等）增加，但不会引起全部固定成本（如折旧、利息、保险费、管理费等）变化。因此，可变成本增加的部分就是增量成本，固定成本则相当于沉没成本。

正确估价增量成本对企业的经济决策至关重要，过大的偏差将导致决策的失误。增量成本的高估会使企业错以为决策不可行，从而放弃本可获取利润的机会；而增量成本的低估则会令企业的决策者盲目乐观，看不到可能造成亏损的危险，从而做出不合适的决策。

沉没成本是已经发生但无法收回的费用，由于它是无法收回的，因而不影响企业的决策。

（3）联合成本和共同成本。若物品 A 要被生产，有另一物品 B 如果与 A 一起生产要比单独生产 A 所用的成本小，这说明物品 A 和 B 之间存在联合成本和共同成本。联合成本是 A、B 在未分离前的生产过程中产生的，应由 A、B 共同负担的成本，可以分割，如租用一部吊车装两种货物的吊车租用费。共同成本是指 A、B 的生产因都需要使用同一种不可分离的资源而产生的应由这些产品共同负担的成本，如同一辆车运输多种货物的过路费。运输业中联合成本与共同成本大量存在。经验表明，当联合成本与共同成本存在时，各种运输产品的成本比单一运输产品的成本低得多，这就是多产品经济。合理利用联合（共同）成本，可以降低成本，提高经济效益。

（4）私人成本和社会成本。私人成本也称内部成本或企业成本，是指企业所负担的成本。社会成本是指由社会和公众所负担的成本，如运输业的发展给社会造成的环境污染和破坏，以及由消费者承担的拥挤成本等。社会成本包括外部成本，因而：

社会成本 = 私人成本 + 外部成本

私人成本包括三个方面的内容：直接成本（显性成本）、隐性成本和正常利润。把正常利润也看作成本，是因为一个企业家必然期望有一笔最低限度的利润，否则他就不会去经营这一企业。因此，正常利润是除上述两项成本之外，把

一个企业家留在企业内的最起码的报酬条件。

外部成本是独立于市场机制以外的成本。例如，运输业生产给社会造成的环境污染和破坏以及由消费者（旅客）承担的延误、拥挤等成本。运输企业在创造财富的同时让社会来承担它所带来的巨大外部成本，如大气污染、噪声、温室效应、水质下降、湿地减少。如果运输价格中根本就不考虑其外部成本并且这种做法被人们普遍接受，就会导致政府在进行投资决策和其他基础设施管理决策时，错误地配置有限的资源或是产生某些不公平的补贴和税收政策。

（5）交易成本。交易成本是厂商在交易中使用便于交易的劳务而要付出的成本，是在交易中进行宣传、信息搜寻、使用中间商、交易磋商和履行等交易行为时所支付的成本。中间商由于对买者和卖者提供有关的信息，促进销售合同的实施，帮助保证商品的质量并保证付款的及时性和安全性，而收取占商品价格一定比例的费用，这些费用是交易成本的一部分。运输活动中，如回程配载中心、货源信息服务中心等收取的中介费，构成了运输的交易成本。

交易成本是构成运输产品价格的一个组成部分。交易成本是以交易部门的劳务来决定的。一般来讲，市场规模的递增会使交易成本递减，即市场规模越小，单位商品所要付出的各项劳务即交易成本越大；反之，市场规模越大，单位商品所分摊的交易成本越小。

2. 运输成本的概念及分类

运输成本是运输业完成客货运输所支出的各项费用的总和，是运输产品价值的主要组成部分，是衡量运输工作质量和考核运输企业管理水平的重要指标，也是合理制定运输价格的基础。运输成本一般由工资、材料、燃料、电力、修理与折旧、企业管理费等各项费用构成。其中，材料费占比小，有的甚至没有；燃料费、修理费与折旧费占比大。实际工作中，常把运输支出的总额称为"运输总成本"，单位运输产品所负担的运输支出称为"单位运输产品成本"。

运输成本按运输方式分为铁路运输成本，公路运输成本，海运、内河和远洋运输成本，航空运输成本，管道运输成本；按客、货运输任务分为旅客运输成本、货物运输成本、客货换算运输成本；按所运货物品种分为煤炭运输成本、石油运输成本等；按运输工具分为铁路列车运输成本、公路汽车单车运输成本、水运单船运输成本等。

**二、运输成本的构成**

一般来讲，运输总成本包括货运、车队、燃料、设备维护、劳动力、保险、装卸、逾期（滞留）费用、税收、跨国费用等。不同的运输方式所包含的运输成本有不同的构成类别和范围，可以分为五类，即变动成本、固定成本、联合成本、公共成本和其他费用。

1. 变动成本

变动成本是指在一段时间内所发生的费用，通常以一种可预计的、与某种层次的活动直接相关的形式变化。变动成本的构成中包含劳动成本、燃料费用和维修保养费用等。例如，在汽车运输成本中，随行驶里程变动的成本有营运车耗用燃料、营运车装用轮胎、营运车维修费、按行驶里程计提的营运车辆折旧费等。这些成本费用，无论车辆是空驶还是重载均会发生，而且随行驶里程变动而变动。另外一种是吨·千米变动成本，这是随运输周转量变动而变动的成本。如吨·千米燃料附加、按营运收入和规定比例计算交纳的养路费、运输管理费以及按周转量计算的行车补贴等。

2. 固定成本

固定成本是指在短期内虽不发生变化，但又必须得到补偿的费用。比如，船舶固定资产折旧费、租赁费、保险费、港口费、集装箱费、货物费、代理费、船员工资、福利费、直接人工费、事故净损失、公司经费、工会经费、劳动保险费、财产、土地使用税等。对于运输公司来说，固定成本构成中包括端点站道、信息系统和运输工具等所产生的费用。

3. 联合成本

联合成本是指决定提供某种特定的运输服务而产生的不可避免的费用（如回程费用）。联合成本对于运输收费有很大的影响，因为承运人索要的运价中必须包括隐含的联合成本，它的确定需要考虑托运人有无适当的回程货物，或者这种回程运输费用由托运人来弥补。

4. 公共成本

公共成本是指承运人代表所有的托运人或某个分市场的托运人支付的费用。公共成本，如端点站或管理部门之类的费用，具有企业一般管理费用的特征，通常是按照活动水平，如装运处理、递送约定的数目等分摊给托运人来承担。

5. 其他费用

其他费用是指企业在营运生产过程中发生的固定资产折旧费、修理费、租赁费（不包括融资租赁费）、取暖费、水电费、办公费、差旅费、保险费、设计制图费、试验检验费、劳动保护费、航道养护费、水路运输管理费、船舶检验费、灯塔费、航行国外及中国港澳地区的船舶发生的吨税和过境税、运河费、车辆牌照检验费、车辆清洗费、过路费、过桥费、过隧道费、轮渡费、司机途中宿费、季节性和修理期间的停工损失等支出。

### 三、运输成本的特点

运输成本与一般工农业产品成本相比较有如下特点：

第一，运输成本构成中，没有构成产品实体的原材料支出。虽然在运输生产过程中也有原材料费用的支出，但均是用于运输工具、设备等固定资产维修方面的支出。

第二，运输成本水平受运输工具运用效率的影响大。一般生产企业，其总成本与完成产品的数量成正比，生产的产品数量越多，成本水平越高。运输成本支出与完成的客货周转量无直接关系，与运输工具载货行驶的距离成正比：$C = f(s)$，其中 $C$ 为成本，$s$ 为距离。而一定的行驶距离所完成的周转量却是由运输工具装载货物的数量以及运输工具的行程利用率来决定的。单位运输成本的形成是把由运距影响的总成本分摊到单位运输工作量上，因此单位运输成本水平受运输工具运用效率的影响很大。

### 四、运输成本的影响因素

影响运输成本的因素很多，尽管这些因素并不是运费表上的组成部分，但在承运人制定运输费率时，必须对每一个因素加以考虑。这些因素主要有以下几个方面。

1. 输送特征

（1）运输距离。运输距离是影响运输成本的主要因素，它直接对劳动、燃料和维修保养等变动成本发生作用。输送距离越长，城市间的输送距离所占的比例越高，而不是使市内的千米数更大。于是承运人可以通过加快速度，使城市间每千米单位费用相对降低，从而更长的距离适用相同的燃料和劳动费用；而市内输送通常会频繁地停车，因此会增加额外的装卸成本。

（2）运输量。大多数运输活动中存在着规模经济，运输量的大小也会影响运输成本。每单位重量的运输成本会随运输量的增加而减少。这是因为固定成本及搬运装卸等费用可以随运输量的增加而得到分摊，但是这种关系受到运输工具（如货车）最大尺寸的限制，一旦该车满载，下一辆车会重复这种关系。这种关系对管理部门的启示是小批量的载货应整合成更大的载货量，以实现规模经济。

2. 产品特征

（1）产品密度。货物的疏密度把重量和空间方面的因素结合起来考虑。每单位重量的运输成本随货物的疏密度的增大而下降，努力增加货物的疏密度通常会使运输成本降低。这类因素之所以重要，是因为运输成本通常表示为每单位重量所花费的数额，如每吨金额数等。在重量和空间方面，单独的一辆运输卡车更多的是受空间限制，而不是受重量限制。即使该产品的重量很轻，车辆一旦装满，就不可能再增加装运数量。既然运输车辆实际消耗的劳动成本和燃料成本主要不受重量的影响，那么货物的疏密度越高，相对地可以把固定运输成本分摊到增加的重量上去，使这些产品所承担的每单位重量的运输成本相对较低。一般来说，物流管理人员会设法增加产品密度，以便更好地利用车辆的容积，使车辆能装载更多数量的货物。增加货物包装密度，可以将更多单位的产品装载进具有固定体积的车辆中去。在某种程度上，由于车辆已经满载，即使再增加产品的密度，也无法再增加利益。

（2）产品的可靠性。对容易损坏或者容易被偷盗的单位价值高的货物（如计算机、珠宝及家用娱乐产品等）而言，可靠性是一个非常重要的指标。货物运输时，需要承运人提供的可靠性越大，货物的运输成本就越高。其他因货物种类不同，其重要性也不同的因素包括产品是否为危险品，是否需要牢固、严格的包装等，对化学行业和塑料行业的产品而言，这些因素尤其重要。承运人必须通过向保险公司投保来预防可能发生的索赔，否则有可能要承担任何可能损坏的赔偿责任。托运人可以通过改善保护性包装或通过减少货物灭失损坏的可能性降低其风险，最终降低运输成本。

（3）产品的装载性能。装载性能是指产品的具体尺寸及其对运输工具（如铁路车、拖车或集装箱）空间利用程度的影响。例如，谷物、矿石和散装石油具有良好的装载性能，因为这些货物可以完全填满运输工具（如火车车厢、货车车厢、管道等），其他货物如车辆、机械和牲畜等不具有良好的装载性能。货物的装载性能由其大小、形状和弹性等物理特性所决定。

（4）装卸搬运。卡车、铁路车或船舶等的运输可能需要特殊的装卸搬运设备，运输成本通常较高；产品大小或形状一致的货物（如纸箱、罐头、筒）可以使用专门搬运设备（如用带子捆起来、装箱或装在托盘上等），搬运费用较低，因此运输成本较低。

3. 市场因素

（1）竞争性。不同运输模式间的竞争、同一运输模式的线路竞争以及同种运输模式之间的竞争会影响运输费用的波动。铁路、水路、航空及海运之间长期以来都存在不同程度的竞争，有时为了赢得市场份额会提供一些不同的价格策略或优惠策略。例如，相同起讫地的货物运输可采用两种不同的运输方式进行，运输速度较慢的那种运输方式只能实行较低的运价。

（2）流通的平衡性。运输通道流量和通道流量均衡等运输供需市场因素也会影响到运输成本。这里所谓的"运输通道"是指起运地与目的地之间的移动。显然运输车辆和驾驶员都必须返回到起运地，于是对他们来说，要么找一票货带回来（"回程运输"），要么只能空车返回。当发生空车返回时，有关劳动、燃料和维修保养等费用仍然必须按照原先的"全程"运输支付，理想的情况就是"平衡"运输，即运输通道两端的流量相等。但由于制造地点与消费地点的需求不平衡，通道两端流量相等的情况很少见。此外，这种平衡性也会受到季节性影响，类似于在销售旺季里运输水果和蔬菜的情况，这种需求的方向性和季节性会导致运输费率随方向和季节的变化而变化。

（3）运输的季节性。旺季和淡季会导致运输费率及运输成本的变化。例如，飞机票的平时价格和春运、黄金周期间的价格相差较大等。

# 第二节　运输成本分析

本章主要讲述短期成本和长期成本。短期成本是指厂商在短期内生产一定产量需要的成本总额，它是短期内每一产量水平的固定成本和可变成本之和。长期成本是指规模可以变动，各种要素数量都能够变动的情况下，生产一定产量必须花费的可能的最低成本。

## 一、短期成本

### 1. 短期的概念

短期是指在此期间运输企业来不及调整全部生产要素的数量，或至少一种生产要素的数量在此期间内无法改变，如运输设备、场站。相应地，可以将短期中的生产要素分为不变要素与可变要素。那些在短期中投入数量无法改变的要素就是不变要素，投入数量可以改变的要素就是可变要素。例如，短期内运输企业的场站、运输工具设备是无法改变的，称为不变要素；而劳动、原材料和燃料则是可以变化的，称为可变要素。在短期内，因为不变要素（场站、设备等）无法变动或变动成本无限大，运输企业只能通过增加可变要素（工人、运行材料等）的投入来扩大运输量。

2. 短期成本函数

（1）总不变成本、总可变成本和总成本。总不变成本（FC）是指运输企业在短期内为生产一定量的运输产品对不变生产要素所支付的总成本，例如借入资本的利息、租用厂房和设备的租金、与价值转移有关的折旧费、财产税、受劳动合同约束在停产期间不能解雇的职工的工资等。由于短期内不管企业的运输量是多少，不变要素的投入量是无法改变的，所以，总不变成本是一个常数，并不随运输量的变化而变化。即使运输量为零，也要支付同样数量的总不变成本。

总可变成本（VC）是指运输企业在短期内为生产一定量的运输产品对可变生产要素所支付的总成本。例如，原材料费用，与使用设备、运输工具有关的维修费，工人的产量工资等。由于在短期内企业可根据运输量变化的要求不断地调整可变要素的投入数量，所以，总可变成本是随运输量的变动而变动的。当运输量为零时，总可变成本也为零。总可变成本是随运输量的增加而增加的。它的函数形式为：

$$VC = VC(Q)$$

总成本（TC）是指企业在短期内为生产一定量的运输产品对全部生产要素所付出的成本。它是总不变成本与总可变成本之和。用前面的符号表示就是：

$$TC(Q) = FC + VC(Q)$$

（2）平均不变成本、平均可变成本、平均总成本。平均不变成本（AFC）是指运输企业在短期内平均完成单位运输量所消耗的不变成本。用公式表示为：

$$AFC(Q) = FC \div Q$$

平均可变成本（AVC）是指运输企业在短期内平均完成单位运输量所消耗的可变成本。用公式表示为：

$$AVC(Q) = VC(Q) \div Q$$

平均总成本（ATC）是指运输企业在短期内平均完成单位运输量所消耗的全部成本。用公式表示为：

$$ATC(Q) = TC(Q) \div Q = AFC(Q) + AVC(Q)$$

（3）边际成本。边际成本（MC）是指运输企业在短期内最后增加单位运输量时所增加的总成本，用公式表示为：

$$MC(Q) = \Delta TC \div \Delta Q$$

或

$$MC(Q) = \frac{\mathrm{d}TC(Q)}{\mathrm{d}(Q)}$$

为了加深对各种运输成本的理解并分析它们之间的关系，现举一个有关运输企业短期成本函数的例子，如表4-1所示。

表4-1  运输企业的短期成本函数　　　　单位：吨，万元

| 单位运输量（$Q$） | 总不变成本（$FC$） | 总可变成本（$VC$） | 总成本（$TC$） | 平均不变成本（$AFC$） | 平均可变成本（$AVC$） | 平均总成本（$ATC$） | 边际成本（$MC$） |
|---|---|---|---|---|---|---|---|
| 0 | 50 | 0 | 50 | — | — | — | — |
| 1 | 50 | 60 | 110 | 50 | 60 | 110 | 60 |
| 2 | 50 | 100 | 150 | 25 | 50 | 75 | 40 |
| 3 | 50 | 125 | 175 | 16.7 | 41.7 | 58.3 | 25 |
| 4 | 50 | 135 | 185 | 12.5 | 33.8 | 46.3 | 10 |
| 5 | 50 | 140 | 190 | 10 | 28 | 38 | 5 |
| 6 | 50 | 150 | 200 | 8.3 | 25 | 33.3 | 10 |
| 7 | 50 | 180 | 230 | 7.1 | 25.7 | 32.9 | 30 |
| 8 | 50 | 240 | 290 | 6.3 | 30 | 36.3 | 60 |

（4）短期成本曲线。根据表4-1描绘出短期成本曲线，如图4-1和图4-2所示。

1）图4-1显示的是总成本曲线、总可变成本曲线和总不变成本曲线。首先，由于总不变成本 $FC$ 是不随运输量的变化而变化的常量，因而其图形为一条截成本轴于50万元处的水平直线。其次，总可变成本在运输量为零时也等于零，之后随着运输量的增加而增加。在到达拐点 $A'$ 前，因为企业投入的可变要素相对固定要素来说数量过少，其边际运输量不断递增，所以总可变成本增长的比率逐渐减慢，$OA'$ 段的 $VC$ 曲线因此向上凸；过 $A'$ 点之后，可变要素与固定要素相比逐渐丰裕，其边际运输量开始递减，此时增加一定比率的运输量要求投入更大比率的可变要素，因而总可变成本增长的速度越来越快，反映在图4-1中就是 $A'$ 点之后 $VC$ 曲线向下凹。最后，由于总成本等于总不变成本与总可变成本之和，

因而总成本曲线由总不变成本曲线和总可变成本曲线垂直相加确定。总成本曲线的形状与总可变成本曲线的形状完全一样。

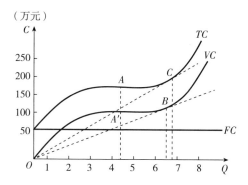

**图4-1 总成本曲线、总可变成本曲线与总不变成本曲线**

2）图4-2显示的是三条平均成本曲线和一条边际成本曲线，它们根据表4-1中的相应数据描绘而成。由于总不变成本保持不变，因而随着运输量的连续增长，平均不变成本不断递减，最终趋近于零，其形状为一条凹向原点的曲线。其余3条平均成本曲线表现出一个共同特征——它们都先递减而后递增，呈现出"U"字形，其原因是可变要素的边际运输量先递增而后递减。

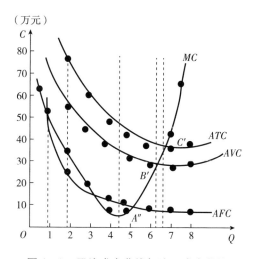

**图4-2 平均成本曲线与边际成本曲线**

*MC*曲线先于*AVC*和*ATC*曲线开始上升。当边际成本曲线位于平均总成本曲

线与平均可变成本曲线的下方时，意味着新增单位运输量所带来的总成本增加小于原先的平均水平，这时把新增运输量加进去平均，会把平均成本水平拉低，因此这两条曲线不断下降；而当边际成本曲线位于它们的上方时，意味着新增单位运输量所带来的总成本增加大于原先的平均水平，这时把新增运输量加进去平均，会把平均成本水平拉高，因此这两条曲线不断上升。边际成本曲线与平均总成本曲线和平均可变成本曲线分别交于它们的最低点 $B'$ 和 $C'$。

$C'$ 点在 $B'$ 点的右上方，即平均可变成本先于平均总成本开始递增。其原因在于：

$$ATC = AVC + AFC$$

且 $AFC$ 不断递减，因而仅当平均可变成本的增加额（$\Delta AVC$）大于平均不变成本的减小额时，平均总成本才表现为递增（$\Delta AVC > 0$）。

平均总成本曲线和平均可变成本曲线的垂直距离等于平均不变成本，它们之间的距离不断缩小。

3）从总量成本曲线也可得出单位成本曲线。在图 4 - 1 中，原点与 $FC$ 曲线、$VC$ 曲线及 $TC$ 曲线上各点连线的斜率分别等于 $AFC$、$AVC$ 和 $ATC$；而 $VC$ 曲线和 $TC$ 曲线上各点切线斜率则等于边际成本 $MC$。射线 $OB$ 切 $VC$ 曲线于 $B$ 点，由前述关系可知，在 $B$ 点有 $MC = AVC$。同理，在 $TC$ 曲线的 $C$ 点有 $MC = ATC$。$B$、$C$ 两点分别与图 4 - 2 的 $B'$、$C'$ 两点相对应，这直观地说明 $MC$ 曲线穿过 $AVC$ 曲线以及 $ATC$ 曲线的最低点。

## 二、长期成本

### 1. 长期的概念

长期是指此期间内所有生产要素的投入量都可以变动的时期。在长期中所有的要素投入量都是可以变化的，因而没有不变要素与可变要素之分。例如，企业不仅可以在长期中建设新场站，购置新的设备，甚至可以出售运输工具，决定完全停产，退出该行业。

### 2. 长期成本函数

（1）长期总成本。长期总成本（$LTC$）是指长期中运输企业在预期的各种运输量水平上通过改变生产规模所达到的最低总成本。总成本函数可写成：

$$LTC = LTC(Q)$$

（2）长期平均成本。长期平均成本（$LAC$）表示运输企业在长期中各运输量水平上的单位最小成本。长期平均成本函数可写成：

$$LAC(Q) = LTC(Q) \div Q$$

（3）长期边际成本。长期边际成本（$LMC$）表示运输企业在长期内增加一单位运输量所引起的最低总成本的增加量。长期边际成本函数可以写成：

$$LMC(Q) = \Delta LTC(Q) \div \Delta Q$$

3. 长期成本曲线

（1）长期总成本曲线。运输企业的长期总成本函数给出的是生产每一产出水平的最低成本，前提是它能够任意改变生产规模。对于某个既定的产出水平，企业可以计算出各种可能的生产规模的总成本，并选择总成本最小的那种生产规模。图 4-3 包含三种生产规模的短期总成本曲线，分别用 $STC_1$、$STC_2$ 和 $STC_3$ 表示。企业可从中选择任一规模生产运输量 $OA$。对于 $STC_1$ 曲线代表的生产规模，其总成本为 $AB$，对于 $STC_2$ 和 $STC_3$ 曲线代表的生产规模，总成本分别为 $AC$ 与 $AD$。显然 $STC_1$ 曲线代表的生产规模的成本最低，因此 $B$ 点位于长期总成本曲线上。如果生产规模无限多，那么对每一产出水平都重复这一过程，就可得到长期总成本曲线。它是短期总成本曲线的包络线，与每一条短期总成本曲线都相切。

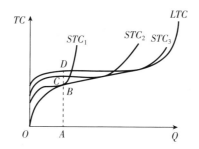

图 4-3 长期总成本曲线与短期总成本曲线

（2）长期平均成本曲线。既然每条短期总成本曲线都对应着一条短期平均成本曲线，那么，通过比较不同生产规模的短期平均成本，运输企业也可以选择出生产特定运输量的最佳生产规模（平均成本应最低）。

图 4-4 中的三条短期平均成本曲线 $SAC_1$、$SAC_2$ 和 $SAC_3$ 分别对应于图 4-3 的 $STC_1$、$STC_2$ 和 $STC_3$，若计划运输量为 $OA$，三条短期平均成本曲线中，只有 $SAC_1$ 曲线对应的平均成本 $AB$ 最低，因此企业应选择 $SAC_1$ 曲线所代表的生产规模，这与上面的结论一致。当计划运输量为 $OI$ 时，$SAC_1 = SAC_2 = E$，此时可以选择 $SAC_1$ 或 $SAC_2$ 曲线代表的两种生产规模。

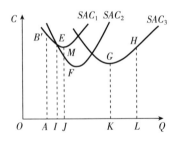

图 4 - 4　短期平均成本曲线

值得注意的是，当运输量为 $OJ$ 时，由于 $M$ 是 $SAC_1$ 曲线的最低点，因而认为应该选择 $SAC_1$ 曲线代表的生产规模，以使生产运行在短期最低平均成本点上，但这是不正确的。应该从长期观点来看，选择 $SAC_2$ 代表的生产规模，其平均成本只有 $JF$，要小于第一种规模的平均成本 $JM$。而若运输量大于 $OK$，如等于 $OL$ 时，则应选择 $SAC_3$ 曲线代表的生产规模。可见，假如企业可供选择的生产规模仅有以上三种，那么其长期平均成本曲线就是图 4 - 4 中的 $B'EFGH$，它由三条短期平均成本曲线的各一段组成。如果企业可以选择的生产规模非常多，如图 4 - 5 所示，此时的长期平均成本曲线就变成了一条光滑的曲线，它是许许多多短期平均成本曲线的包络线。从图 4 - 5 可以看出，在长期平均成本曲线 $LAC$ 的下降段，$LAC$ 曲线相切于相应的 $SAC$ 曲线的最低点的左侧；在长期平均成本曲线 $LAC$ 的上升段，$LAC$ 曲线相切于相应的 $SAC$ 曲线的最低点的右侧；只有在 $LAC$ 曲线的最低点上，$LAC$ 曲线才与 $SAC$ 曲线相切于 $SAC$ 曲线的最低点。

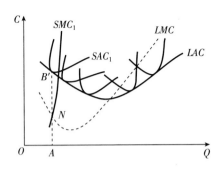

图 4 - 5　长期边际成本曲线与长期平均成本曲线

（3）长期边际成本曲线。长期边际成本曲线可以定义为每个产出的最优生产规模所对应的短期边际成本曲线上的相应点的轨迹。尽管长期边际成本曲线也可以由短期边际成本曲线推导得出，但它却不是短期边际成本曲线的包络线。如图 4 - 5 所示，在产出等于 $OA$ 时，最优生产规模为 $SAC_1$ 曲线所代表的生产规模，它的边际成本曲线为 $SMC_1$，因此，在 $OA$ 运输量水平下，$MC = AN$，$N$ 点即是长期边际成本曲线 $LMC$ 上的一点，$LMC$ 曲线其余各点可以用类似方法得到。长期边际成本曲线也具有呈 "U" 形的特征，当 $LMC < LAC$ 时，$LAC$ 逐步减少；当 $LMC > LAC$ 时，$LAC$ 逐步增加。在 $LAC$ 的最低点，$LMC = LAC$。这就是通常所说的长期边际成本曲线穿过长期平均成本最低点的原理。

（4）规模报酬。企业在生产的长期规划中可以改变所有生产要素的投入量，此时可能面临的一个问题是如果所有要素的投入量等比例增加，那么总产量将如何变化？这就是规模报酬问题。

所谓规模报酬，是指当全部生产要素的投入量都等比例变化时，该技术所决定的产量水平的变化情况。在现实经济中存在着三种类型的规模报酬：①如果总产量的增长比例大于要素投入的增加比例，规模报酬递增；②如果总产量的增长比例等于要素投入的增加比例，规模报酬不变；③如果总产量的增长比例小于要素投入的增加比例，规模报酬递减。

### 三、各类运输方式成本

运输方式主要分为铁路、公路、船舶、航空和管道五种，它们的性质、技术经济特点和运用范围各不相同。铁路运输载运量大，连续性强，行驶速度较快，运费较低，运行一般不受气候、地形等自然条件的影响，适合中长途客货运输；公路运输虽载运量较小，运输成本较高，但机动灵活性较大，连续性较强，适合中、短途客运和高档工农业产品的运输；船舶运输（包括内河和海上运输）具有载运量大、运输成本低、投资省、运行速度较慢、灵活性和连续性较差等特点，适合大宗、低值和多种散装货物的运输；航空运输具有运行速度快、投资少、不受地方地形条件限制、能进行长距离运输等优点，也存在载运量小、运输成本高、易受气候条件影响等缺点，适合远程客运及高档、外贸货物与急需货物的运输；管道运输具有运量大、运输成本低、灵活性较差等特点，适合输送量大、货源比较稳定的原油、成品油、天然气和其他液态、气态物资。

1. 各类运输方式成本构成

（1）汽车运输成本的构成及其特征。

1）汽车运输成本是指货物在汽车运输生产过程中所产生的以货币反映的全部耗费，主要由直接运营成本和间接营运费用两个部分构成，如表 4 - 2 所示。

表 4 - 2　汽车运输成本的构成

| 成本项目 | | 主要内容 |
| --- | --- | --- |
| 直接运营成本 | 直接人工 | 包括司机和助手标准工资和津贴、奖金和职工福利费 |
| | 直接材料 | 包括营运车辆运行过程中所耗用的各种燃料和其所耗用的轮胎、垫带和零星修补费用等 |
| | 其他直接费用 | 车辆牌照和检验费、保险费、车船使用税、洗车费、过桥费、篷布绳索费等 |
| 间接营运费用 | | 包括运输企业所属分公司、车队、车厂、车站等的管理费用 |

2）汽车运输成本的特征。汽车运输的成本与铁路运输的成本形成鲜明对比，其变动成本的比重非常大，达到了总成本的 80% 以上。这主要是因为汽车运输的道路是公共的，承运人一般负担道路基础设施等固定投入的成本。汽车运输也存在着规模经济，即当运输批量较大时，固定成本费用分摊到每单位成本的费用会降低。在汽车运输企业中，固定成本主要包括职工的基本工资、机器和建筑物的折旧等。汽车运输的运成本也会随运量和运距的增加而降低，但由于运量非常有限，其下降趋势不如铁路运输那么明显。

（2）铁路运输成本的构成及其特征。

1）铁路运输成本的构成。铁路运输成本是铁路运输企业为完成客、货物运输任务而消耗的以货币形式表现出来的一切费用，主要包括固定成本、运营成本和管理费用等，如表 4 - 3 所示。

表 4 - 3　铁路运输成本的构成

| 成本项目 | | 主要内容 |
| --- | --- | --- |
| 固定成本 | 固定设施成本 | 包括轨道、车站、编组场等 |
| | 移动载运工具的投入 | 包括机车设备的投入成本及其相关的部分折旧和维修费 |
| 运营成本 | 与运营生产直接相关的各项支出 | 包括运营人员的工资、维修配件、燃料动力、固定资产的折旧费等 |
| 管理费用 | 运输行政部门为管理和组织营运生产活动的各项费用 | 包括工会经费、劳动保险费、技术转让费等 |

2）铁路运输成本的特征。铁路运输成本的特征是固定成本的比重很大，变

动成本比重相对较低。其原因主要包括三个方面：首先，铁路线路、轨道、桥梁建设、车站、机车车辆、通信等基础设施设备投资大；其次，铁路、车站等的维护、折旧及管理费等相对较高；最后，铁路运输货运作业费用，如装卸搬运、制单和收费、多类多批货物货车的调度换车费用等固定支出较多。铁路运输的高固定成本结构特征决定了它必须增加运输量，实现规模经济和有效运营。

（3）船舶运输成本的构成及其特征。

1）船舶运输成本的构成。船舶运输包括海洋运输和内河运输两种。海洋运输在船舶运输中的比重较大，其业务量超过了船舶运输业务量的80%。因此，下面以海洋运输为例介绍船舶运输成本的构成。

海洋运输的成本主要由直接运营成本和间接运营成本构成（见表4-4）。其中，直接运营成本共包括四项：①航次运行费用，即船舶在运输生产过程中发生的直接费用；②船舶固定费用，即为保持船舶适航状态所发生的费用；③集装箱固定费用，即企业自有或租用的集装箱在营运过程中发生的固定费用；④船舶租费，即企业租用运输船舶，按规定应支付给出租人的租费。间接运营成本是指营运过程中发生的、不能直接分摊到某个成本核算对象上的各种间接费用。

表4-4 海洋运输成本的构成

| 成本项目 | | 主要内容 |
| --- | --- | --- |
| 直接运营成本 | 航次运行费用 | 包括燃料费、港口费、货物费、集装箱货物费、中转费、垫隔材料费、速遣费、客运费、事故费用等 |
| | 船舶固定费用 | 包括船员的工资及职工福利费、润料及物料费、船舶折旧及修理费、船舶非营运费用、船舶共同费用等 |
| | 集装箱固定费用 | 包括集装箱的保管费、折旧费、租金、修理费、保险费、底盘车费用、清洁费、熏箱费等 |
| | 船舶租费 | 包括租船费等 |
| 间接运营成本 | | 包括各个单位（分公司、船队）为组织和管理运输生产所发生的各种费用，如设计费、试验检查费等 |

2）船舶运输成本的特征。船舶运输系统包括港口、航道和船舶，其中港口和航道由国家管理，政府运营。因此，船舶运输中的固定成本主要包括运输设备和端点设备的投入和折旧等。与端点有关的支出包括船只进入海港时的港口费和货物装卸费。在货物装卸时，除散货和集装箱货可以有效使用机械化装卸搬运设

备外，昂贵的搬运成本（人工作业）使其他情况下的端点费用较高。但是，船舶运输在实际运行过程中，其能以很小的牵引力、非常低的线路费用和营运成本（不包括人工成本）进行运输，使平均成本随运距和运量的变化急速下降，从而成为最廉价的大宗货物运输方式之一，适合长距离、大批量运输。水路运输的变动成本很低，主要包括燃料费和港口、运河通行费两大项。

（4）航空运输成本的构成及其特征。

1）航空运输成本的构成。航空运输主要是指民用航空运输，其成本项目分为飞行费用与飞机维修费用两大类。飞行费用大部分是直接计入费用，费用发生时，可以直接计入有关机型的成本。其主要内容有空勤人员工资及福利费，燃料费，飞机、发动机折旧费，飞机、发动机大修理费，飞机租赁费，飞机保险费，飞机起降服务费以及旅客供应服务费等。飞机维修费一般由材料费、人工费以及间接维修费三个项目组成，凡可以直接计入某机型成本的，为直接计入费用，不能直接计入的费用则先要通过飞机维修费账户进行归集，然后按一定标准分配到各个机型的成本中去。

2）航空运输成本的特征。航空运输系统包括飞机、机场及机场服务、空中交通管理系统和飞行航线。其中，机场和空中通道不属于航空公司所有。因此，航空运输的固定成本包括其拥有（或租赁）的运输设备在经济寿命周期内的折旧费以及使用机场需要支出的固定费用，如地面的搬运、装卸、取货和送货等机场对航空货运的服务费用等。航空运输的变动费用主要是燃料费用和原材料费用，其受运距的影响较大。当使用大型飞机且实载率很高时，按吨千米计算的营运成本较低。较高的固定成本和变动成本合在一起通常使航空运输成为最贵的运输方式，短途运输尤其如此。但是，随着机场费用和其他固定费用支出分摊在更大的运量上，单位成本会有所降低。若机型先进、载重量大、利用率高、长距离营运，还会使单位成本进一步下降。

（5）管道运输成本的构成及其特征。

管道运输系统的基本设施包括管道、储存库、泵站和管道运输控制中心。与铁路运输的情况一样，管道公司拥有这些基础设施或者拥有它们的使用权。管道的投资和折旧以及其他成本使管道运输的固定成本较高。为提高竞争力，管道运输的运量必须非常大，才能分摊这么高的固定成本。管道运输变动成本主要包括动力成本和与泵站经营相关的成本。

由于管道运输中的管道既是运输的工具又是运输的载体，其动力需求取决于线路的运量和管道的直径。在运输中，大管道与小管道周长之比不像横截面面积之比那么大，摩擦损失和气泵动力随管道周长变大而增加，而运量则随截面积的增大而提高。其结果是，只要有足够大的运量，大管道的每吨千米成本会迅速下降。在一定的管道规格下，如果运送的产品过多，管道运输的规模收益会递减。

2. 运输成本的计算

以公路运输为例，车队成本的计算主要有两种方式，一种是不计算完全成本，另一种是计算完全成本。车队不计算完全成本时，车队只核算其直接管理并负有责任的各项费用，车队计算的运输成本不包括养路费、运输管理费和车站经费。车队耗用的燃料、材料均按计划成本计算。车队计算完全成本时，基层分公司或车队完全成本的计算与企业分类运输成本的计算方法相同，应分别对不同车型设置明细账，进行账务处理，企业汇编车队运输成本表，调整本期车站经费实际开支数与计划定额的差额，即为企业运输总成本。

将计算出的营运总成本除以本期运输周转量，即可计算运输业务的营运单位成本。计算公式为：

货车营运单位成本 = 货车营运总成本/货车运输周转量（吨·千米）×100%

如果车型多，根据管理需要，可以将其按不同燃料和不同类型分类，作为成本计算对象；如果车型少，可以直接一并计算。

运输企业应以不同燃料和不同厂牌的营运车辆作为成本计算对象。对于以特种大型车、集装箱车、零担车、冷藏车、油罐车等从事运输活动的企业，还应以不同类型、不同用途的车辆分别作为单独的成本计算对象。运输成本包括的内容广泛，各成本项目的计算内容如下所述。

（1）工资和福利费。工资和福利费是指按规定支付给运营车辆司机的基本工资、工资性津贴、奖金和按比例计提的福利费。工资和福利费根据工资和福利费分配表中有关运输的部分计入运输成本。

（2）燃料费。燃料是指运营车辆所耗用的汽油、柴油等。燃料费根据行车路单或其他有关燃料消耗报告所列的实际消耗量计算计入成本。需要注意的是，应使燃料实际消耗量与当月车辆行驶总车千米和所完成的运输周转量相符合。另外，自动倾卸车辆卸车时所耗用的燃料也在燃料项下计算。

（3）轮胎费用。轮胎费用是指运营车辆耗用的外胎、内胎、垫带的费用支出以及轮胎翻新费和零星修补费。轮胎费用按实际领用数和发生数计入成本。如外胎一次领用较多，可在 1 年内分月摊入运输成本。

（4）修理费。修理费是指运营车辆进行维修和小修所发生的工料费，修复旧件费用和车辆大修费用。修理费按维修时领用的各种材料费、配件费直接计入运输成本。对于车辆大修费用，应分月计入。

（5）车辆折旧费。车辆折旧费是指运营车辆按规定方法计提的折旧费。车辆折旧费按车辆使用年限或车辆行驶里程计算，可以查看财务会计中相应车辆的折旧费并直接引用。

（6）养路费、税金及运输管理费。养路费是指按规定向管理部门交纳的相应费用。养路费按实际交纳数计入运输成本。税金是指企业发生的除企业所得税和允许抵扣的增值税以外的各项税金及其附加。运输管理费是指按国家有关规定向道路运输经营者所征收的用于道路运输行业管理的事业经费。

（7）车辆保险费。车辆保险费是指向保险公司交纳的运营车辆的保险费用。如果存在车辆保险费，应按实际支付的投保费用和投保期，分月分摊计入运输成本。

（8）事故费。事故费是指运营车辆在运行时，因行车肇事所发生的修理费、求援费、赔偿费等。事故费在扣除保险公司的赔偿和其他人的赔偿后计入运输成本。

（9）其他营运费。如随车工具、篷布绳索费、车辆牌照费和检查费等其他运营费。根据实际领用数和发生数计入运输成本。

3. 运输成本计算内容

运输成本归集为企业为完成货物运输业务而发生的全部费用，包括支付外部运输费用和自有车辆运输费。具体包括以下三部分内容。

（1）人工费。人工费主要是指从事运输业务的人员的费用。具体包括运输业务人员工资、福利、奖金、津贴、补贴、住房公积金、职工劳动保护费、人员保险、按规定提取的福利费、职工教育培训费和其他一切用于运输业务人员的费用等。

（2）维护费。维护费主要是指与运输工具及其运营有关的费用。具体包括车辆（包括其他运输工具）的燃料费、折旧费、维修保养费、保险费、租赁费、养路费、过路过桥费、年检费等。

（3）一般经费。在企业运输业务的过程中，除了人工费和维护费之外的其他与运输工具或运输业务有关的费用，如事故损失费等。

运输成本计算单位是以运输工作量的计量单位为依据的。货物运输工作量通常称为货物周转量，其计量单位为"吨·千米"，即实际运送的货物吨数与运距的乘积。为计量方便起见，通常以"千吨·千米"作为成本计算单位。

就物流范围而言，运输成本存在于企业供应物流、企业内物流、销售物流、回收物流和废弃物物流全过程。在计算运输成本时要注意运输成本的分配和计算，应区分实际耗用资源和浪费资源。

4. 运输完全成本计算程序

运输企业的完全成本的核算程序主要是指成本的会计核算程序。

（1）根据企业营运管理的要求，确定成本计算对象、成本计算单位、成本项目和成本计算方法。

（2）由车队根据费用支出和生产消耗的原始凭证，按照成本计算对象、费用类别，对营运费用进行归集、分配并编制各种费用汇总表。

（3）根据各种费用汇总表或原始凭证，登记"辅助营运费用""营运间接费用""待摊费用""预提费用"以及"运输支出""装卸支出""其他业务支出"的明细分类账，并计算各种业务成本。

（4）企业根据车队、车站等所属单位上报的成本核算资料汇总分配企业各项费用，编制企业成本计算表。

# 第三节　生产函数、成本函数与规模报酬

## 一、生产函数与规模报酬

直觉上用生产函数研究与生产有关的问题较为直接，而且事实上早期探讨规模报酬的研究都是采用生产函数。因此，我们首先定义生产函数并讨论如何由生产函数推导规模报酬。

1. 生产函数的规模报酬

货品产量多少主要决定于生产要素使用量的大小以及技术水准的高低。假定：①厂商只生产一种货品（$Q$）；②生产该货品所需雇用的生产要素只含劳务（$L$）与资本（$K$）；③厂商采用效率最高的技术从事生产。由此我们可以导出生产函数如下：

$$Q = f(L, K) \tag{4-1}$$

式（4-1）表示在一特定时期内，厂商的产量 $Q$ 取决于 $L$ 和 $K$ 两种要素的使用量。公式显示投入要素和产品技术的关系，故称为生产函数，属于长期生产

函数。若使用的生产要素不容易调整，如资本设备，则 $Q = f(L)$，称为短期生产函数。

所谓规模报酬（Return to Scale），是指所有生产要素的投入量均作同一比例的变动时，产量的变动状态。如果式（4-1）中 $L$ 与 $K$ 的投入量均增加 $\alpha$ 倍，相应地，$Q$ 也将增加，令 $Q$ 增加的倍数为 $\beta$，即如式（4-2）所示：

$$\beta Q = f(\alpha L, \ \alpha K) \tag{4-2}$$

若 $\beta > \alpha$，则该厂商正处于规模报酬递增状态；若 $\beta = \alpha$，则该厂商正处于规模报酬不变状态；若 $\beta < \alpha$，则该厂商正处于规模报酬递减状态。

规模报酬原理也可经由数学上的齐次函数概念予以解析。倘若以常数 $t(t > 1)$ 乘以函数中的所有自变量，结果使该函数的数值变动 $t^y$ 倍时，此时该函数即为 $y$ 阶的齐次函数。当生产函数为齐次函数时，则如式（4-3）所示：

$$f(tL, \ tK) = t^y f(L, \ K) = t^y Q \tag{4-3}$$

式中，$y = 1$，表示规模报酬不变；$y > 1$，表示规模报酬递增；$y < 1$，表示规模报酬递减。

**2. 以生产函数探讨规模报酬的研究**

经济学上最早也是最被广泛应用的生产函数便是 Cobb – Douglas 函数。其形式如下：

$$Q = A \ L^\alpha K^\beta \tag{4-4}$$

式中，$A$、$\alpha$、$\beta$ 均是常数。若 $\alpha + \beta = 1$，表示规模报酬不变；若 $\alpha + \beta > 1$，表示规模报酬递增；若 $\alpha + \beta < 1$，表示规模报酬递减。

Walters（1963）曾经对生产函数及成本函数的实证应用有非常深入的分析，由于 Walters 收集了当代众多的重要研究报告，从其所整理的结果中，我们可对当时的研究有一简单的认识。一般而言，大多数经济学者使用 Cobb – Douglas 生产函数，且多数结果均表示厂商处于规模报酬不变的情况。

**二、成本函数与规模报酬**

传统个体经济学在讨论成本函数的形态时，一般均假设生产要素价格为固定量，然后研究生产成本（$C$）与产出（$Q$）的关系，如式（4-5）所示：

$$C = f(Q) \tag{4-5}$$

在此定义下，成本只是产出的函数，我们以产量在平均成本固定、递增及递减时的情况来分别表示规模报酬在固定、递减及递增的阶段，如图 4-6 所示。

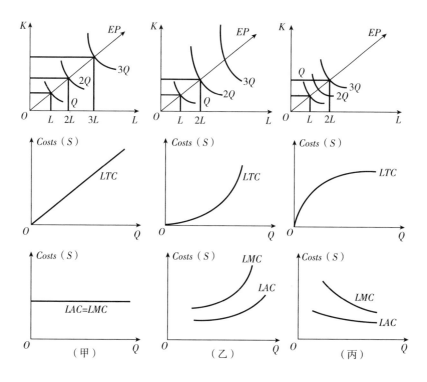

**图 4 - 6 平均成本与规模报酬的关系**

注：*EP* 是扩张路径（Expansion Path），*LTC* 是长期总成本，*LAC* 是长期平均成本，*LMC* 是长期边际成本，（甲）表示规模报酬不变，（乙）表示规模报酬递减，（丙）表示规模报酬递增。

此外，若假设管理阶层在决定生产要素的最佳使用量时，生产要素价格（$P$）已知，并在产量（$Q$）确定的情况下寻求最低的生产成本（$C$），即：

$$C(Q, P_L, P_K) = \min P_L L + P_K K$$

$$\text{s. t. } Q = f(L, K) \tag{4-6}$$

式（4-6）是有两种生产要素：劳务（$L$）及资本（$K$），且仅有一种产出（$Q$）的状况，其中 $f$ 为生产函数。反之，也可在特定成本下追求最大产量（$Q$），即：

$$\max Q = f(L, K)$$

$$\text{s. t. } C = P_L \times L + P_K \times K \tag{4-7}$$

如此将形成生产函数与成本函数的对偶关系（Duality），如图 4-7 所示。

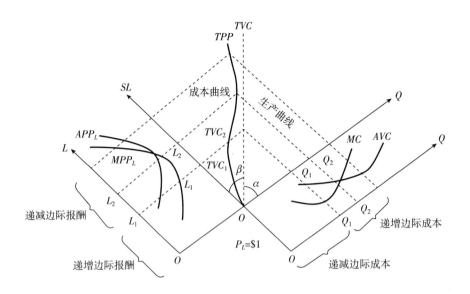

图 4 – 7　生产函数与成本函数的对偶关系

# 第四节　运输成本控制

## 一、运输成本控制概述

### 1. 运输成本控制的概念

所谓运输成本控制，是指运输企业根据一定时期预先建立的成本管理目标，由成本控制主体在其职权范围内，在运输生产耗费发生以前和成本控制过程中，对各种影响成本的因素和条件采取的一系列预防和调节措施，以保证运输成本管理目标实现的管理行为。

### 2. 运输成本控制的作用

运输是物流系统中最重要的功能要素，实现了物流的空间功能和时间功能。在现代物流企业中，运输在其经营业务中占有主导地位，其成本在物流总成本中所占比重最大。

我国社会物流总成本为 454062 亿元。其中，运输成本为 24708 亿元，占

54.4%；保管成本为 14943 亿元，占 32.9%；管理成本为 5755 亿元，占 12.7%。由此可以看出，有效的运输成本控制是物流系统合理化的关键。

3. 运输成本控制需要注意的问题

（1）运输成本控制的过程是运用系统工程原理对企业在生产经营过程中发生的各种耗费进行计算、调节和监督的过程，同时也是一个发现薄弱环节、挖掘内部潜力、寻找一切可能降低成本途径的过程。科学地组织实施物流成本控制，可以促进企业改善经营管理，转变经营机制，全面提高企业素质，使企业在市场竞争的环境下得以生存、发展和壮大。

（2）运输成本控制就是指以成本作为控制的手段，通过制定运输成本总水平指标值、可比产品成本降低率以及成本中心控制成本的责任等，达到对运输经济活动实施有效控制的一系列管理活动与过程。

（3）运输成本控制是指降低运输成本支出的绝对额，故又称为绝对成本控制。运输成本降低还包括统筹安排运输成本、数量和收入的相互关系，以求收入的增长超过成本的增长，实现成本的相对节约，因此又称为相对成本控制。

（4）运输成本控制是成本管理的一部分，运输成本控制的对象是运输成本发生的过程，包括运输服务提供过程、销售过程、物流过程、售后服务过程等所发生的成本控制。运输成本控制的结果应能使被控制的运输成本达到规定的要求。为使运输成本控制达到规定的、预期的成本要求，就必须采取适宜和有效的措施，包括作业、成本工程及成本管理技术和方法。

（5）开展运输成本控制活动的目的就是防止资源的浪费，使运输成本降到尽可能低的水平，并保持已降低的成本水平。

（6）运输成本控制反对"秋后算账"和"死后验尸"的做法，提倡预先控制和过程控制。因此，运输成本控制必须遵循预先控制和过程控制的原则，并在运输成本发生之前或在发生的过程中去考虑和研究为什么要发生这项成本、应不应该发生、应该发生多少、应该由谁来发生、应该在什么地方发生、是否必要等问题决定后应对过程活动进行监视、测量、分析和改进。

（7）运输成本控制应是全面控制的概念，包括全员参与和全过程控制。

（8）运输成本控制和成本保证的某些活动是相互关联的。

4. 运输成本控制的步骤

（1）要了解所服务对象的需求。如何能以较高的服务水平达到客户的满意？这个问题很重要，很多时候企业往往会因为降低成本而降低对客户的服务水平，结果成本虽然下降了，但企业的销售额也随之下降，反而导致企业整体成本上升，以致丧失竞争力。因此，我们务必首先明确顾客服务要求，这些要求和标准是不允许有所降低的。

（2）要了解运输成本的组成。企业的运输成本一般包括运营成本、人工成本、信息成本和管理成本等，各项成本一定要细化。

（3）要了解业务的分布区域以及当前的服务、成本等。要了解客户源在哪里，他们的需求有哪些，需求量有多少；要对不同的运输方式的成本进行比较与分析；要对不同承运商服务、成本进行比较与分析；等等。

（4）要考虑按照现在的客户布局，安排最佳的货物流向，分析不同组合的成本与服务情况。确定运输网络，确定服务客户，确定商品的流向，确定经济库存分布，确定最佳的运输方式，确定最佳承运商。

（5）将第（4）步细化成企业的业务流程与操作规范，同时制定各类监控、分析报表。不断分析客户的需求，安排最佳的运输路线；不断分析成本的变化；不断考核各类承运商的服务水平、成本；做好各类费用的审核工作。

运输成本的降低是一个不断持续的过程，一是明确要做什么，会产生哪些费用；二是了解现状；三是设计最佳的实现模式；四是加强监控，不断地完善优化。

5. 运输成本控制的方法

运输成本控制的方法包括绝对成本控制法和相对成本控制法。

（1）绝对成本控制法。绝对成本控制法是把运输成本支出控制在一个绝对金额以内的成本控制方法。绝对成本控制从节约各种费用支出、杜绝浪费的途径进行运输成本控制，要求把运输生产过程中发生的一切费用支出都列入成本控制范围。标准成本和预算控制是绝对成本控制的主要方法。

（2）相对成本控制法。相对成本控制法是通过运输成本与产值、利润、质量和功能等因素的对比分析，寻求在一定制约因素下取得最有经济效益的一种控制方法。相对成本控制扩大了运输成本控制领域，要求人们在努力降低运输成本的同时，充分注意与成本关系密切的因素，诸如产品结构、项目结构、服务质量水平、质量管理等方面的工作，目的在于提高控制成本支出的效益，既减少单位产品成本投入，又提高整体经济效益。

两种控制的比较如表4-5所示。

6. 运输成本控制的原则

运输成本控制要贯彻以下几项原则：

（1）真实性原则。要求企业在物流成本计算中，资料来源完整可靠，各项数

表 4 - 5 绝对成本控制与相对成本控制比较

| 比较项目 | 绝对成本控制 | 相对成本控制 |
| --- | --- | --- |
| 控制对象 | 成本支出 | 成本与其他因素的关系 |
| 控制目的 | 降低成本 | 提高经济效益 |
| 控制方法 | 成本与成本指标之间的比较 | 成本与非成本指标之间的比较 |
| 控制时间 | 主要在成本发生前 | 主要在成本发生前 |
| 控制性质 | 属实施性成本控制 | 属决策性成本控制 |

据准确真实，分配方法合理科学，计算符合规范，保证运输成本数据能真实反映企业在生产经营过程中运输作业的耗费水平。

（2）可比性原则。要求企业运输成本的内容和范围明确、固定，计算口径一致，以保证企业运输成本计算内容的可比性，便于企业运输成本在不同时期的对比分析。

（3）及时性原则。要求企业运输成本计算按惯例要求和有关规定，按成本报告期、运输成本耗费时间，及时准确地计算出企业当期运输实际成本。

（4）反馈性原则。要求企业运输成本计算要便于划分运输责任中心，分解运输成本责任，做到各运输作业者既能明确自己所承担的责任，又能对自己所承担责任的履行情况及时得到信息反馈，以便随时检查并及时采取措施，调整它们的经营活动。

计算运输成本时，还要坚持从实际出发、逐步完善的原则，即企业的运输成本必须结合企业的具体情况，如企业的性质、规模、生产经营、管理人员业务素质、运输重点及水平等，确定自己不同的核算制度，做到有步骤、分阶段进行。

## 二、降低运输成本的方法

1. 优化运输系统

简化运输系统，减少运输环节，降低运输成本，对现有的运输资源进行合理的运输网络优化，降低运输的成本。

2. 减少不必要的运输环节

尽可能组织直达、直拨运输，使物资不进入中转仓库，越过一切不必要的环节，由产地直运销地或用户，减少二次运输。减少一切不必要的环节，主要包括以下几个方面：

（1）缩短搬运距离。缩短搬运距离可以减少作业消耗，节省搬运时间。

（2）减少装卸搬运次数。减少装卸搬运次数可以降低装卸搬运成本，加快运输速度，减少场地的占用和装卸搬运事故的发生。

（3）选择恰当的作业机械和作业方式。根据物流速度、劳动强度等确定搬运机械；根据货物的种类、性质、形状等确定散件、成组或集装箱等作业方式。

（4）加强安全管理。加强搬运装卸作业的安全管理，防止和消除货物损坏及各种事故，从而减少装卸搬运事故所带来的损失。

3."四就"直拨运输

具体做法有：就厂直拨、就车站（码头）直拨、就仓库直拨、就车（船）直拨，如表4－6所示。

表4－6 "四就"直拨的含义及具体形式

| 主要形式 | 含义 | 具体形式 |
|---|---|---|
| 就厂直拨 | 物流部门从工厂收购商品，经验收后，不经过中间仓库和不必要的转运环节，直接调拨给销售部门或直接送到码头运往目的地 | 厂际直拨<br>厂店直拨<br>厂批直拨<br>用工厂专用线、码头直接发运 |
| 就车站（码头）直拨 | 物流部门对外地到达车站的货物，在交通运输部门允许占用货物的时间内，经验收后，直接分拨或发送到各销售部门 | 直接运往市内各销售部门<br>直接运往外埠要货单位 |
| 就仓库直拨 | 在货物发货时越过逐级的层层调拨，省略不必要的中间环节，直接从仓库拨给销售部门 | 对需要储存保管的货物就仓库直拨<br>对需要更新仓库的货物就仓库直拨<br>对常年生产、常年销售的货物就仓库直拨<br>对季节性生产、常年销售的货物就仓库直拨 |
| 就车（船）直拨 | 对外地用车、船运来的货物，经交接验收后不在车站或码头停放，不入库保管，随即通过其他运输工具换装，直接运至销售部门 | 就火车直装汽车<br>就船直装火车或汽车<br>就大船过驳小船 |

4. 组织轻重配装

把实重货物和轻泡货物组装在一起，既可充分利用车船装载容积，又能达到装载重量，以提高运输工具的使用效率，降低运输成本。

5. 实行解体运输和拼装整车运输

对一些大、笨、重、不易装卸又容易碰撞致损的货物分别包装，以缩小所占空间并易于装卸和搬运，提高运输装载效率，降低单位运输成本。

在选择运输方式上，若能整车运输就不要选择零担运输，两者之间的运价相差很大。采取拼装整车的办法，即零担拼整车中转分运，有可能减少一部分运输费用，并节约社会劳动力。

6. 高效的堆码方法

根据车船的货位情况和不同货物的包装形状，采取各种有效的堆码方法，如多层装载、骑缝装载、紧密装载等，以提高运输效率。推进物品包装的标准化，逐步实行单元化、托盘化，是提高车船装载技术的一个重要条件。

7. 实施托盘化运输

托盘化运输即一贯托盘运输，就是把保管→运输→进货→保管形成一条龙工序，以托盘为基本工具不改变货物状态，始终一贯地用机械搬运装卸来处理货物。

8. 实施集装箱运输

安全、快捷、低价本身就是集装箱运输相对于传统运输方式的主要优点。集装箱运输也是单元化运输的一种形式，主要适用于大宗货物的长途运输。

9. 开展国际多式联运

国际多式联运是一种高效的运输组织方式，它集中了各种运输方式的特点，扬长避短，融会一体，组成连贯运输，达到简化货运环节、加速货运周转、减少货损货差、降低运输成本、实现合理运输的目的，相对传统单一的运输方式具有无可比拟的优越性。

在多式联运方式下，不论全程运输距离多远，不论需要使用多少种不同运输工具，不论中途需要经过多少次装卸转换，一切运输事宜由多式联运经营人统一负责办理。对货主来说，只办理一次托运、签订一份合同、支付一笔全程单一运费、取得一份联运单据就履行全部责任，这样可以节省大量的手续费用以及中转费用等。

10. 开展集运

集运也称时间合并，最基本的形式是将一个市场区域中到达不同客户的小批量运输结合起来，即自发集运。这种程序在进行运输时只是修正而不是间断自然的货物流动。当然，在整个市场上被装运到客户的数量是集运的基础。集运有以

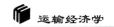

下三种方式：

（1）自发集运。自发集运的基本形式是将一个市场区域中到达不同客户的小批量货物集中起来运输。可以将集运的货物送到一个中间集散点，以使货物有足够的运送量；可以在某几个特定的日期进行货物的集运；也可利用第三方物流公司进行集运。

（2）计划集运。计划集运就是将某一个时间段内的订单集中起来组织运输。计划集运虽然能有效地降低运输成本，但需要一段时间准备，会延误时间，降低服务水平。因此，计划集运需要与客户沟通，并对客户做出承诺，保证在预定之日完成送货任务。

（3）共同运送。共同运送就是将货物装在同一条路线运行的车上，用同一辆车为更多的客户服务。提供共同运送的运输企业通常与货主有大批量送货的长期合同，为满足客户的需要可提供增值服务，如分类、排序、进口货物单据处理等。

**11. 分区产销、合理运输**

在组织物流活动中，对于某种货物，使其一定的生产区固定于一定的消费区。根据产销情况和交通运输条件，在产销平衡的基础上，按近产近销的原则，使货物走最少的路程，组织货物运输。这种形式的适用范围，主要是针对品种单一、规格简单、生产集中消费分散或生产分散消费集中、调运量大的货物，如煤炭、木材、水泥、粮食、生猪、建材等。

要摸清物资产销情况、供应区域、运输路线和运输方式，将其作为制定合理调运方案的依据。划定物资调运区域，将某种物资的生产区基本上固定于一定的消费区。工业产品以生产地为中心，同靠近这一生产地的消费区的产销关系基本固定下来；农副产品以消费城市为中心，同附近的生产地的产销关系基本固定下来，以此形成一个合理的货物调运区域。

绘制合理的运输流向图，即在已制定的调运区域范围内，按照运程最近和产销平衡的原则，制定合理的运输流向图，把产、供、运、销的关系固定下来，作为交通、商业、物资和生产部门执行物资调拨和运输计划的依据。

**12. 优化运输路线**

由于不合理的运输如重复运输、迂回运输等现象的存在，造成了运力浪费，增加了不必要的运输成本，而优化运输路线可以减少不合理运输。

优化运输路线是一个运输决策问题，其通过找到运输工具在公路网、铁路线、水运航道和航空线运行的最佳路线，以尽可能地缩短运输时间或运输距离来降低运输成本。优化运输路线的方法有线性规划法、图表分析作业法、表上作业法、节约里程法等，通过运用这些数学方法进行量化分析，选择最佳运输路线，以达到降低运输成本的目的。

13. 减少事故损失

在运输途中，有可能会出现货物丢失、货物变质甚至出现事故，这些都造成了运输成本不必要的增加。通常，减少事故发生的做法有：①在日常运输管理中，做好事故防范工作，如使用合格的司机，定期检查、修理运输工具等；②积极购买保险，转移风险，如购买第三责任险、车辆损失险等。

综上所述，运输成本控制是一个全面、系统的工程，要建立全新的控制思想，从全局着眼，才能获得较好的经济效益，物流"第三利润源"的作用才能得到真正发挥。

 问题与思考

1. 什么是运输成本？运输成本包括哪些成本？

2. 简述降低运输成本的方法。

3. 生产函数、成本函数与规模报酬三者之间的关系是什么？

4. 以公路运输为例，车队成本的计算主要有哪几种方式？试分别写出每种方式的计算方法。

5. 写出各类运输方式的成本构成，并试着解释成本构成的原因。

案例分析

### 沃尔玛公司的运输体系

沃尔玛公司是世界上最大的商业零售企业，在物流运营过程中，尽可能地降低成本是其经营的哲学。沃尔玛有时采用空运，有时采用船运，还有一些货物采用卡车公路运输。在中国，沃尔玛百分之百地采用公路运输，所以如何降低卡车运输成本，是沃尔玛物流管理面临的一个重要问题，为此他们主要采取了以下措施：

第一，沃尔玛使用一种尽可能大的卡车，大约有 16 米加长的货柜，比集装箱运输卡车更长或更高。沃尔玛把卡车装得非常满，产品从车厢的底部一直装到最高，这样非常有助于节约成本。

第二，沃尔玛的车辆都是自有的，司机也是他的员工。沃尔玛的车队大约有5000 名非司机员工，还有 3700 多名司机，车队每周每一次运输可以达 7000～

8000 公里。沃尔玛知道，卡车运输是比较危险的，有可能会出交通事故。因此，对于运输车队来说，保证安全是节约成本最重要的环节。沃尔玛的口号是"安全第一，礼貌第一"，而不是"速度第一"。在运输过程中，卡车司机们都非常遵守交通规则。沃尔玛定期在公路上对运输车队进行调查，卡车上面都带有公司的号码，如果看到司机违章驾驶，调查人员就可以根据车上的号码报告，以便进行惩处。沃尔玛认为，卡车不出事故，就是节省公司的费用，就是最大限度地降低物流成本，由于狠抓了安全驾驶，运输车队已经创造了 300 万公里无事故的纪录。

第三，沃尔玛采用全球定位系统对车辆进行定位，因此，在任何时候调度中心都可以知道这些车辆在什么地方，离商店有多远，还需要多长时间才能运到商店，这种估算可以精确到小时。沃尔玛知道卡车在哪里、产品在哪里，就可以提高整个物流系统的效率，有助于降低成本。

第四，沃尔玛连锁商场的物流部门 24 小时进行工作，无论是白天还是晚上，都能为卡车及时卸货。另外，沃尔玛的运输车队利用夜间进行从出发地到目的地的运输，从而做到了当日下午进行集货，夜间进行异地运输，翌日上午即可送货上门，保证在 15～18 个小时内完成整个运输过程，这是沃尔玛在速度上取得优势的重要措施。

第五，沃尔玛的卡车把产品运到商场后，商场可以把它整个卸下来，而不用对每个产品逐个检查，这样就可以节省很多时间和精力，加快了沃尔玛物流的循环过程，从而降低了成本。这里有一个非常重要的先决条件，就是沃尔玛的物流系统能够确保商场所得到的产品是与发货单完全一致的产品。

第六，沃尔玛的运输成本比供货厂商自己运输产品的成本要低，所以厂商也使用沃尔玛的卡车来运输货物，从而做到了把产品从工厂直接运送到商场，大大节省了产品流通过程中的仓储成本和转运成本。

沃尔玛的集中配送中心把上述措施有机地组合在一起，做出了一个最经济合理的安排，从而使沃尔玛的运输车队能够以最低的成本高效率地运行。当然，这些措施的背后包含了许多艰辛和汗水，相信我国的本土企业也能够从中得到启发，创造出沃尔玛式的奇迹。

 案例讨论

1. 沃尔玛降低运输成本的措施有哪些？请分别写出。
2. 沃尔玛对于运输成本的管理方法是否具有普遍适用性？
3. 沃尔玛的运输体系对于降低运输成本有哪些优势？

# 第五章 运输价格

运输价格关系到国民经济的发展和人民的生活，关系到运输业的发展，需要深入探讨。

首先，运价总水平关系到工农业产品的成本和价格。以运价为主体的运输费用，就货物运输来讲，是货主支付给运输企业的各种费用。正常条件下，它在工农业产品价格中所占比重是比较大的，运价上升必然促使工农业产品成本上升，从而导致销售价格上涨。

其次，各种运输方式的运价水平关系到货主和旅客对运输方式的选择，关系到各种运输方式的合理分工和综合发展。运输比价合理，就会促使各种运输方式的合理发展，为建成综合运输体系起到应有的作用；反之，就会使运输业畸形发展，使运价偏低的运输方式供给紧张，不利于综合运输体系的建成。

最后，运输价格还关系到运输业本身的发展。运价在很大程度上反映了运输服务产品的价值，决定着运输企业的收入。运输收入一部分用于运输业的简单再生产和扩大再生产，另一部分则用于运输职工的生活消费，这部分收入的多少对职工劳动积极性的发挥关系很大。所以必须使运输企业通过自己的运输劳动取得合理收入，而运价则是决定运输企业收入的重要因素。

## 第一节　运输价格概述

### 一、运输价格的概念

所谓运输价格，是指运输企业对特定货物或旅客所提供的运输劳务的价格，它是运输产品价值的货币表现。运输产品的价值由生产过程中消耗的生产资料价值、生产者自己劳动所创造的价值、生产者为社会劳动创造的价值所构成。

## 二、运输价格的特点

运输价格的特点是由运输业的特征所决定的。运输业的产品不具有实物形态，同时也不能储存。运输业的这些特征决定了运输价格在形式上具有不同于工农业产品价格的特点。

### 1. 运价率随运距延长而递减

对不同的运输距离分别规定不同的运价，是由于运输产品以复合指标即吨公里或人公里为计算单位，因而运输距离也就成为运价结构中的一个重要因素。运价不仅要反映运输量的多少，而且应当与运输距离的远近相适应。这种按距离不同而区别的运价，一般以每吨公里或每吨海里若干元来表示。

单位运输成本一般随着运输距离的增加而降低，而运价的高低一般是以运输成本为基础来制定的，所以运价按不同距离而有所区别，这主要反映在运价率随运输距离的延长而不断降低，在近距离时降低速度较快，在远距离时降低速度较慢，超过一定距离则不再降低。但总的运输费用则随着运距的增加而增加。其函数关系如下：

$$运价率 = \frac{固定运输费用}{运输距离} + 单位运输距离变动运输费用 + 单位利税 \qquad (5-1)$$

这种关系可用图 5-1 来表示。

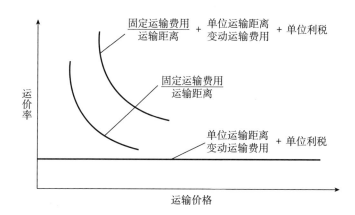

图 5-1　运价率与运输距离的关系

运价之所以具有这种特点，是由于对被运送的对象而言，每个运次的固定费用支出是按被运送对象的运输距离分摊的，被运送对象的实际被运送距离越长，按其单位运输里程分摊的固定运输费用就越少，且运价率的下降速度就越慢。

以铁路运价为例，旅客票价以每人每公里的票价率为基础，按照旅客旅行的距离和不同的列车设备条件，采取递远递减的办法确定。从表 5－1 可以看出运价率与运输距离之间的数量变化关系。

表 5－1 铁路旅客票价率与运输距离的关系

| 运输距离<br>（人公里） | 硬座普快<br>（元） | 按组中值计算的运价率（元/人公里） | 平均每人公里运价率变动率（％） |
|---|---|---|---|
| 1～20 | 2.5 | 0.25 | — |
| 21～30 | 3.5 | 0.14 | 0.7333 |
| 31～40 | 3.5 | 0.1 | 0.4 |
| 41～60 | 4.5 | 0.09 | 0.0667 |
| 61～80 | 5.5 | 0.079 | 0.055 |
| 81～90 | 7 | 0.082 | 0.02 |
| 91～110 | 8 | 0.08 | 0.0133 |
| … | … | … | … |
| 191～200 | 15 | 0.077 | 0.003 |
| … | … | … | … |
| 701～740 | 49 | 0.068 | — |
| 741～780 | 51 | 0.067 | 0.0025 |
| … | … | … | … |
| 1061～1100 | 68 | 0.063 | — |
| 1101～1150 | 70 | 0.062 | 0.0022 |
| … | … | … | … |
| 1551～1600 | 93 | 0.059 | — |
| 1601～1660 | 95 | 0.058 | 0.0018 |
| … | … | … | … |
| 3381～3460 | 165 | 0.048 | — |
| 3461～3540 | 168 | 0.048 | 0 |

表 5 - 1 中的"平均每人公里运价率变动率"表明，随着运距的延长，运价率下降速度变慢，这是由于分摊到每人公里上的固定费用变小趋缓所致。其图形与图 5 - 1 相同。

2. 运价只有销售价格一种形式

有形产品一般有出厂价格与销售价格之分，但运价却没有价格形式的区别，而只有销售价格一种形式，这是由运输生产过程具有即时性的生产特点所决定的。由于运输的生产过程与消费过程同时发生，消费不能脱离生产过程独立进行，因而运价只能有一种形式即销售价格形式。

依据运价所确定的运输费用是导致工农业产品的销售价格高于出厂价格或收购价格、零售价格高于批发价格的重要因素。由于运费对产品成本高低的影响，随着产品和与产品形成有关的原材料、配件的运距长短和运输方式的不同而存在差异，因此对于运输需求用户而言，采用适当的运输方式并选择合理的运输路线，是降低运费负担从而降低产品成本的重要措施。

3. 运价的种类繁多

运输需求多种多样，其运输对象性质不同、批量不同，并且使用的车型、运输距离、道路条件和运输方式均存在着不同程度的差别，所以其运价也就不同。

运价随运输对象、运输方式和运距不同而呈现多样化，这是运价区别于其他有形产品价格的重要特征。

4. 运价的制定与管理

运价对国民经济的生产与流通，特别是对工农业产品最终价格的形成有着直接广泛的影响。因此，运价规则是由国家主管部门制定的，并由其统一管理。

### 三、运输价格的影响因素

1. 运输价格的影响因素

影响运输价格的因素比较复杂，主要有运输成本、运输供求关系、运输市场的结构模式、国家有关的经济政策以及各种交通运输方式的竞争。

（1）运输成本。运输成本是运输企业在进行运输生产过程中发生的各种耗费的总和。在正常情况下，运输企业要求运输价格要高于运输成本，这样才能弥补运输成本。因此，运输成本是运输价格形成的依据和最低界限。财政部颁发的《运输企业财务制度》规定，运输成本由营运成本、管理费用、财务费用三部分组成。

1）营运成本是与营运生产直接相关的各项支出，包括实际消耗的燃料、物料、用具等，修理费，固定资产折旧费等。

2）管理费用是运输企业行政管理部门管理和组织营运生产活动的各项费用，包括公司的经费、技术转让费、技术开发费等。

3）财务费用是运输企业为筹集资金而发生的各项费用，包括企业在营运期间发生的利息支出、金融机构手续费等。

（2）运输的供求关系。运输市场的供求平衡不仅会因运输市场价格对供给和需求的调节而促成，还会由于运输供给和需求对市场价格的调节而产生。

运输供给和需求对运输市场价格的调节，通常是由于供求数量不同程度的增长或减少引起的。为分析方便，以假定其中一个量不变为前提来讨论其对运输价格的影响。

1）运输需求不变，供给发生变化对运输市场价格的影响。在图 5-2 中，$S$ 为运输供给曲线，$D$ 为需求曲线。当 $D$ 不变时，若运输供给下降，曲线 $S$ 向左上方移至 $S_1$，市场平衡点 $A$ 移至 $A_1$，运输供给量从 $Q_0$ 降到 $Q_1$，运输市场价格由 $P_0$ 上升至 $P_1$；若运输供给增长，曲线 $S$ 向右下方移至 $S_2$，市场平衡点由 $A$ 移至 $A_2$，市场供给量从 $Q_0$ 上升到 $Q_2$，运输市场价格由 $P_0$ 下降至 $P_2$。

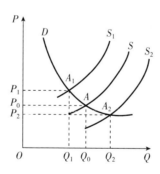

图 5-2　需求不变供给变化

2）运输供给不变，需求发生变化对运输市场价格的影响。在图 5-3 中，由于运输需求的增长，曲线 $D$ 向右上移至 $D_1$，市场平衡点 $A$ 移至 $A_1$，运输需求量从 $Q_0$ 上升至 $Q_1$，运输市场价格由 $P_0$ 上升至 $P_1$；若运输需求量减少，曲线 $D$ 向左下移至 $D_2$，市场平衡点由 $A$ 下移至 $A_2$，市场需求量从 $Q_0$ 下降到 $Q_2$，运输市场价格由 $P_0$ 下降至 $P_2$。

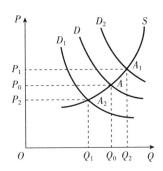

图 5-3　供给不变需求变化

（3）各种运输方式之间的竞争。影响运输价格的因素有运输速度、货物的完好度以及是否能实现"门到门"的运输等。以运输速度为例，若相同起点的货物运输可采用不同的运输方式进行，此时运输速度较慢的那一种运输方式只能实行较低的运价。这是因为，就货主而言，它增加了流动资金占用和因货物逾期、丧失市场机会而造成的市场销售损失，与运输速度较快的那一种运输方式相比，其理论降价幅度为上述两项费用之和。

计算方法表述如下：

流动资金占用差

$$(W_1) = C \times q \times (t_1 - t_2) \tag{5-2}$$

式中，$C$ 为每吨货物的平均价格，单位为元/吨；$q$ 为所运货物数量，单位为吨；$t_1$ 为选用较慢运输方式的运输时间，单位为天；$t_2$ 为选用较快运输方式的运输时间，单位为天。

货物逾期而造成的市场销售损失

$$(W_2) = (C_2 - C_1) \times q \tag{5-3}$$

式中，$C_1$ 为选用较慢运输方式每吨货物在销售地的市场价格，单位为元；$C_2$ 为选用较快运输方式每吨货物在销售地的市场价格，单位为元。

以货物的安全为例，运输的目的就是保证货物在完好的状况下送到货主手中。货主为了让买的东西安全地到达自己的手中，所以会选择运输条件较好的运输方式。

（4）运输市场的结构模式。根据市场的竞争程度，运输市场结构可以分为四种类型，即完全竞争运输市场、完全垄断运输市场、垄断竞争运输市场或寡头垄断运输市场。不同的运输市场的结构模式有着自己的运行机制和特点，对运输价格的制定都会产生影响。

1）完全竞争运输市场是指运输企业和货主对运输市场的价格均不能产生任何影响，都只能是被动地接受。此时运输价格的制定只受运输市场供求关系的影响，具备这样的运输条件的市场有道路货物运输市场。

2）完全垄断运输市场是指某一运输市场由一个或少数几个运输企业所控制。在这样的状况下，运输企业有自由的运输价格制定权，它们通过独立地垄断市场价格，从中赚取高额的利润，货主无从选择，只能被动接受。

3）垄断竞争运输市场是指既有独占的倾向又有竞争的成分。它的特点是同类的运输产品在市场上有较多的生产者，市场的竞争激烈；不同的运输企业生产的运输产品在质量上有较大的差异，如货物的完好程度、运输的速度，某些企业依据优势有可能产生一定的垄断性，成为运输价格制定的决策者。

4）寡头垄断运输市场是指运输产品的大部分由几家运输企业运输。在这样的情况下，运输市场价格不是由供求关系所决定，而是由这家运输企业通过讨论签订协议决定。

2. 大众运输定价的目标

综观世界各国对于大众运输系统的定价政策，其目标不外乎以下五点：

（1）经济效率（Economic Efficiency）。以适当的定价水准，使可用的资源发挥最大效益，并且运载最多的乘客数。

（2）成本回收（Cost Recovery）。由定价产生最大的收益，来支付各项费用，而不致产生亏损。

（3）社会公平（Social Equity）。将运输系统财务上的负担，由全体国民平均分担，以使社会大众获得"行"的便利，尤其应对那些残障、老弱、妇孺提供运输的可及性（Accessibility）。

（4）管理便利（Administrative Convenience）。定价须配合实务上计算的合理以及易于管理，尤其在收费方式以及票价结构方面，应对乘客及管运者都具有方便性。

（5）协调定价（Coordinated Pricing）。各运输系统间的定价要能相互协调，以避免恶性竞争。

上述的目标若共同考虑时，可能会有冲突的情形。例如，第一项考虑到运载最多的乘客数，往往是由较低的费率水准才能达成，如此就较难达到第二项回收成本的目标。因此，在选择票价系统的服务目标时，应妥善平衡达成各项目标的可行性，避免有冲突的情形。一般而言，运载最多的乘客数应是大众运输系统主要且合理的服务目标。

3. 运输业定价应考虑的因素

一般而言，影响费率的因素有五项，分别说明如下。

（1）运输服务价值。服务价值（Value of Service）是乘客对于运输所提供的劳务产生的地域效用（Place Utility）或时间效用（Time Utility）的评价，是乘客愿意支付价格的最高限度（上限）。例如，直达车、封号车的票价比普通车的票价高，这种客车服务，使旅客提早到达目的地，从事经济活动，且途中较为舒适。但是服务价值高，运输成本并不一定高，如直达车票价较高，但由于每逢小站并不停车，管运成本反而较低。

（2）运输服务成本。服务成本（Cost of Service）是运输业因提供服务所发生的成本。成本可分为固定成本与变动成本两大类，运输业耐久性资产的投资非常庞大，因此固定成本占全部成本的比例相当高。变动成本是与运量成正比例变动的成本，因此，运输业大都以"平均变动成本"作为费率的最低限度（下限）。此外，也有以边际成本、现金支出成本或平均成本作为费率制定的下限，费率若低于这一最低限度，经营必然亏损。所以，这一最低限度费率可用于保护运输事业的健康发展，避免因费率过低而造成业界间的恶性竞争。

（3）客货负担能力。制定费率须顾及使用者的负担能力，过高或过低的费率水准均不适当，客货的负担能力（Charge What the Traffic Will Bear）即在上限与下限间作取舍的决定因素。

（4）运具竞争情况。竞争程度（Competition）也是决定费率高低的一个因素。通常在独占情形下所定的费率偏高；但在竞争情形下，不论是同质竞争还是异质竞争，费率都较低。

（5）政府运输政策。政府运输政策（Government Policy）也是决定费率的重要因素之一。例如，为普及教育所给予学生的优待票、为社会福利政策所给予的老人残障优待票以及为配合国防而对于有关军需用品运输费率给予优待等。

此外，其他因素如合理报酬、需求弹性、市场特性等因素对运价的制定也有相当大的影响。

综上所述，服务价值是为各种货物或旅客所能负担的最高运价上限，而运输服务的成本是为个别运价负担的最低下限（Lower Limit），负担能力是为制定各种运价的考虑标准，而在费率制定时，受政府运价政策、合理报酬以及市场特性等因素影响，有人认为运价在制定时取决于"3C"，即竞争（Competition）、比较（Comparison）与妥协（Compromise）三者。

总之，运价或费率制定的主要目的是使运输业者能够自给自足，提供良好的运输服务品质，同时也应考虑到社会大众的福利。因此，运价的制定是基于多边性的标准，并非基于某一因素或原则。如图 5-4 所示为运价决策所应考虑的综合影响因素。

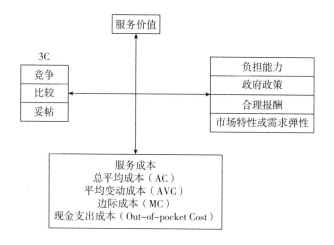

**图 5-4　运价或费率制定的综合影响因素**

以上所列的因素，在制定运输业费率时应予以考虑。就实务而言，我国现行费率的计算以及制定方式，大多仅考虑单方面的成本负担，并未从更宽广的角度，将消费者、资源分配者（如政府）的立场考虑在内；而费率的计算方式，也缺乏一套具有公信力且能真实反映成本的公式，以致每当费率变动时，往往在各方协商下订出一个妥协的费率。

# 第二节　运输定价理论

## 一、运输成本理论

运输业的运价主要是实行国家定价的制度，从而实现国家宏观经济调控的目的。所以，运输定价要以社会效益或社会利益以及运输行业、运输企业利润最大化为定价目标。

所谓运输成本理论，是指运价总收入必须足以支付运输业务的全部成本，成本决定运价，价格必须反映价值。否则，运输业的经营活动就无法维持，更不可能有较多的利润进行投资和扩大再生产。

当然这里所说的运输成本不是指特定的、个别的企业运输成本，而是指某个范围内的社会运输成本。

### 二、运输价值理论

运输价值理论是根据运输对象的负担能力决定运价，也就是指运输利用者所承认的并愿意为之负担的运输价值。

运输价值理论主张运价上的差别，即高价商品的运价应高于低价商品，因为运价在高价商品的价格中所占的比重小于在低价商品中所占的比重，高价商品的运输负担能力高于低价商品。当然这一理论未考虑运输对象所发生的直接成本。高价商品的运价可能大大高于运输成本，使运输企业获得较大的利润，而低价商品的运价则可能低于运输成本。这实际上起到了收入再分配的作用。

### 三、边际成本理论

边际成本理论主张从经济资源的最佳分配这一立场来决定运价。其论点是根据产品价格与其边际成本一致的原则来决定运量，整个社会便会形成最佳运输量，获得最佳经济效益。

边际成本是指每变动一个单位产量所变动的成本，如果成本增加，则称为新增成本。由于企业最关心的是找到一个能获得最大利润的运量，故对于因运量变动所发生的新增成本十分重视，甚至不亚于对平均成本的重视。如果价格高于边际成本，则增加产量，产生的社会价值将高于使用资源的价值，这对整个社会是有利的，企业也能从中获得利润；如果价格低于边际成本，则减少产量，导致节约的资源价值大于减少的产量的价值，这样，资源便可以转到其他生产上去，从而使资源得到最佳分配。因此，在由边际成本理论制定的运价的指导下所决定的运输供应量正好和需求相一致。

以上三种理论中的运输成本理论所形成的价格是供给价格，它所表示的是运价的最低限度；而运输价值理论所形成的价格是需求价格，它所表示的是运价的最高限度。如果运输价格高于由运输价值理论所决定的价格，则运输利用者无力承担；如果运输价格低于运输成本理论所决定的价格，则运输业自身无法生存。因此，实际的运价应介于两者之间。

### 四、劳动价值理论

劳动价值理论是李嘉图和马克思以劳动价值论为基础的关于价格形成的论述。该理论认为，价值规律是商品生产的经济规律，社会必要劳动时间决定商品的价值量。根据价值规律的要求，商品的价格必须以价值为基础，商品的交易则以等量价值为基础来进行。

运输价格是运输价值的货币表现，运输价值是物化在运输产品的社会劳动，是运输劳动者在实现商品位移过程中所耗费的物化劳动与活劳动的总和。运输价值也像一切产品价值一样由以下三部分构成：在运输过程中转移的物化劳动价值（$C$）、运输生产者自己劳动创造的价值（$V$）、运输生产者为社会劳动所创造的价值（$M$），其中（$C+V$）是生产运输产品的必要劳动消耗，被称为运输产品的成本。

运输价值是运输价格的基础，运输价值是指运价总是以运输产品上凝结着要在交换中取得补偿的抽象人类劳动这一社会关系为基础，运价始终围绕运输价值上下波动。由于运输产品的价值量即单位运输产品的社会必要劳动消耗在实际中难以准确确定，因此往往只能采用间接的方法代替。一般是首先计算运输产品的必要劳动消耗，即运输成本，并在运输成本的基础上加成一部分利润以制定运价。

关于利润的确定方法主要有四种：工资型、成本型、资金型和复合型。

工资型的运价是按平均工资利润率来确定盈利，即：

$$运价 = 运输成本 + 运输业职工的工资 \times 平均工资利润率 \qquad (5-4)$$

成本型的运价是指以成本盈利率制定价格，即：

$$运价 = 运输成本 + 运输成本 \times 社会平均成本盈利率 \qquad (5-5)$$

资金型（也称生产价格型）的运价是指以资金利润率确定价格，即：

$$运价 = 运输成本 + 单位运输产品占用资金量 \times 社会平均资金利润率 \qquad (5-6)$$

复合型的运价主张按平均盈利率和平均工资利润率来确定价格，即：

$$运价 = 运输成本 + 运输业职工的工资 \times 平均工资利润率 \qquad (5-7)$$

这种定价方法较为简便，但其缺陷也是明显的，成本越大，利润越高，若为追求高利润而乱增成本，就会导致运价严重背离运输价值。按照劳动价值理论，在市场经济条件下，以市场来优化资源的结果必然使各部门的利润率趋于平均化，于是价值就转化为生产价格，价格的形成以资金盈利率为基础。

### 五、均衡价格理论

西方经济学认为，在市场经济中需求和供给决定市场价格，因此在西方国家的运输产品定价中，把需求因素置于非常重要的地位。下面我们通过分析运输产品的需求价格与供给价格来说明运输价格是如何被决定的。

运输产品的需求价格是指货主对于运输一定数量的货物所愿意支付的运价，它是由这一定数量的运输货物对于货主的边际效用所决定的。效用是在商品和劳务价格以及收入均为已知的情况下，购买是根据消费者的爱好做出的。效用的意义是指满足欲望的功效，它是人们需要的一切商品所共有的一种特性。人们对于商品的需求数量增加，总效用也增加，但总效用随着递减的比率增加，即边际效用是递减的，而这个边际效用决定了需求价格。在运输产品中，由于边际效用的递减规律，运输商品需求价格也呈递减的趋势，即对于货主来说，当货主运送货物越多，在其他条件不变的情况下，他对每次多运的货物而愿意支付的运费越低。也就是说，运输需求价格由于边际效用递减规律的作用，是随着运量的增加而递减的。运输需求量与运价成反比例关系，运价越低，需求量越大，运价越高，需求量越小，这一规律也称为需求规律，它可以反映在需求曲线上。在图 5-5 中，$DD'$ 就是运输需求变动关系。

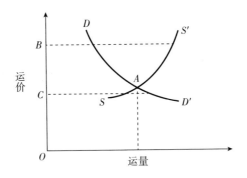

**图 5-5　均衡价格示意图**

运输产品的供给价格是指提供一定运输服务的运输者所愿意接受的价格，它是由运输服务中所付出的边际生产费用决定的，运输产品的边际生产费用就是运输产品的供给价格。运输的供给量随着运价的提高而增加，随着运价的下降而减少，这是报酬递减规律作用的结果。因为在报酬递减条件下，要增加运输供给就必须付出更大的成本，从而使运价上升。图 5-5 中 $S'$ 就是运输供给价格曲线，表明了运价与运输供给成正比例关系。对于运输业来说，短期内运输设备及运输能力增长有限，运输企业只能够通过内部挖掘来使供给增加，所以这种增长是有限的。但从长期来看，运输企业可根据需求调节运输供给，运输企业通过新建、扩建运输线路、运输设备，可以使运输供给提高较多，即长期内供给弹性比短期内大。

均衡价格理论是以假定完全竞争市场为前提的。这里的完全竞争市场的存在必须满足下列几个条件：①市场上有大量的买者和卖者，任何一个卖者或买者都不单独影响这种商品的价格，该商品的市场价格是由整个市场的供求关系决定的；②同一产品都是同质的；③各种生产要素可以自由流动，厂商可以自由进入或退出某一行业；④市场信息是完全畅通的。

在上述完全竞争市场条件下，运输市场上运输商品的均衡价格由运输需求和运输供给同时决定。如图5-5所示，供给需求曲线$DD'$与供给曲线交于$A$点，供求双方达成均衡，$A$点对应的运价即为均衡价格，$A$点对应的运量即为均衡运量。如果这种均衡是稳定的，那么当市场背离均衡状态时，市场力量就会自动恢复均衡并保持均衡的趋势。在图5-5中，如果运输业者把运价定为$OB$，在较高的运价水平下，运输供给大大增加，但运输需求将会减少，造成运输市场上供过于求，这必然使价格下跌；如果运价在过低的$OC$水平，由于供给较少而低运价刺激的运输需求又会造成运输市场上的供不应求，从而引起运价上升，促使运输企业扩大生产、提高运输能力，结果供给价格与需求价格不断接近，当供给价格等于需求价格时，供需达到平衡，我们就说由供需形成了均衡的运输价格。

在一个市场中，如果没有外来因素的干扰，一切处于竞争状态，则需求与供给相互作用的结果将达到一个市场均衡，此时需求量正好等于供给量，需求曲线与供给曲线相交，交点价格即为均衡价格。在这个价格水平上，生产是最优的，价格是最优的，效益是最优的。实际上由于各种因素的存在，如政府的干预、垄断的存在、短缺在近期内无法解决等，供需不可能达到永久的平衡，多数时候是围绕着均衡价格上下波动，当价格偏离均衡价格太远时，就会出现剩余或短缺的现象。

### 六、效用理论和按负担能力定价

运输业务的效用是把一定量的某种货物由A地运到B地，因而在运价制定中必须满足这种效用。为了制定运价，要以运输价值来衡量运输的效用，它标志着货物运价的最高限度，如果收费超过此限度，货物就不能运输。这里的"运输价值"不同于我们在劳动价值论中谈及的运输价值，即生产运输产品的社会必要劳动，而是指两地间价格的差别。例如，某种物品在A地的生产成本比在消费该物品的B地生产成本低，该物品在A地价格为1元，在B地价格为1.2元，如果一个商人打算把 A 地的货物运到 B 地去出售，那么运价必须低于两地产品价格之差。当运价高于 0.20 元时，就会阻止该物品由 A 地运往 B 地。所以说，运输价值标志着货物运价的最高限度，如果超过该限度，货物就不能运输。

西方运输界还长期存在着"按负担能力定价"的做法，即以货物的负担能力为依据，高价值货物制定较高运价，低价值货物制定较低运价。负担能力主张的核心是以对运输的需求而不是以运输成本为基础。高价货物实行高运价的原因是价值高的货物负担高运价的能力较大，高价值货物运价虽高，但其承受能力大，运价在商品总价值中所占的比重往往会低于低价商品价值中运价所占的比重，因此运价对于高价值货物价格的影响反而较低。当然还有一个原因是运输高价值的货物比运输低价值的货物对运输条件要求高，运输者责任大。

一般情况下，本身价值较高的货物，其需求价格弹性系数小于 1，这时提高货物运价，结果是运输收入提高了。同样，本身价值较低的货物，需求的增加幅度大于运价降低的幅度，此时降低价格，运输收入同样增加。该理论从市场营销的角度分析有其可取之处，但该理论在实际的应用中存在两方面的问题：

第一，目前对于如何确定高价值货物和低价值货物的运价尚处于无规律状况。在国际货物运输中，有些航线高、低价值货物之比为五倍左右，还有更夸张的，有些航线两者之比是十倍以上。这种情况对新开通航线的运价确定起不了任何作用，毫无规律可循，因此，运输企业在制定货物运价时应结合不同的航线货物运输需求交叉弹性和商品产销价格差等因素建立数学模型，制定合理的高价值与低价值的运价比。

第二，有些持有高价值货物的货主对运价不满意，导致运输企业在实施过程中存在一定的难度。例如，有些货主会问，高价值的货物与低价值的货物以同样的运输方式运送到需求地，同样的运输条件，有何理由比低价货物贵呢？面对这样的问题，运输企业应认真地分析研究并制定出各类货主均能接受的价格。

负担能力定价论有两种解释：①运输负担能力定价论是指每种货物对运价都有一个负担能力，有的货物可负担的运价高一些，如黄金、五金百货等产品，其对运价的负担能力就大，运价高低对它的市场价格影响不大；而煤炭、矿石等低价值的货物对运价的负担能力就比较小一些，运价的高低对它的市场价格影响较大。因此，货物运价应该根据货物对运价的负担能力来确定。②对于每种货物应考虑到它的运量情况，对运量少、价值高的货物收取可以提供尽可能多的固定费用的运价。例如，在图 5 - 6 中，D 代表某货物的需求曲线，$CC'$ 为变动成本线（因为不论运量多少每单位重量的变动成本相同，所以是一条水平线）。如运价

定为 $OR$，总收入用面积 $ORPQ$ 表示，变动成本为 $OCAQ$，则所提供的固定成本为 $CRPA$；如果收低运价 $OR''$，则提供的固定成本为 $CR''P''A''$；但在这两者之间，收运价 $OR'$，则提供的固定成本最多，为 $CR'P'A'$，运价定于此处，最为有利。

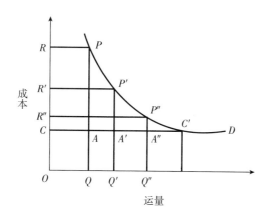

图 5－6　运输负担能力定价原理图

以上两种解释基本相同，而后者对前者作了详细的解释，但含义又不如前者明确，所以把二者结合起来就把问题说清楚了，之所以贵重货物要负担更多的运费，除了不影响市场价格以外，主要是多收贵重货物固定费用，这样对运输企业有利而又能为货主所接受。

效用理论和按负担能力定价之间也是有矛盾的。例如，某贵重商品在 A、B 两地的价格相差无几，则其在 A、B 之间运输的需要是很少的，当运输价格以两地物价的差距来衡量时，尽管货物价值高，这种运输价值与其负担高运价的能力并没有一致性。还有些人认为，实行按运输负担能力收费，低等货物实际是受了高等货物高运价的补助，这对于货主来说是不公平的。此外，运输业者对每种运输都尽可能收取最高的运费，获取高额利润，侵犯了公众的利益。尽管这些运价制定方法存在较大争议，但毕竟有其存在的理由，在实际的运输市场上，运输者都想按运价负担的能力对高价货物多收费，但竞争的力量对此有制约作用，运输价值也规定了最高限度，运价过高货物将停止运输；另外，可变费用又规定了某种最低限度，运价不能低过它。

负担能力定价法实质上是一种价格歧视的方法，用于当平均成本定价法不合适、边际成本定价法又需要补贴时，收取使用者愿意负担的费用，使运价可以补充边际成本。或者说是试图确定每个消费者（群体）愿意为运输服务支付的最大数额。

价格歧视不仅能使供应者收回其成本，还有助于留住享受这种服务的旅行者和托运者，尽管有时有必要使运费有差别，但也有必要使服务质量有差别。

价格歧视表现为许多十分相似的服务收取不同的票价。在经典模型中，增加收入的办法是以同一产品向不同的顾客群体收取不同的价格；收益管理中则常常会有产品质量或其他形式的差别，这意味着向顾客提供服务时有成本差异。

### 七、运输费率结构

1. 定价水准（$P$）与乘客数（$Q$）及收益（$R$）的关系

各种定价理论主要在于寻求最适当的费率水准，以适应实际的需要。费率水准的高低会直接影响到载客数及票价收益，甚至间接影响到物价的平稳与经济的发展。这不仅关系着使用者、管运者，同时也会影响到整个经济的成长，因此在决定费率水准时必须谨慎。

以客运为例，由图 5 – 7 可知，在低票价水准时，载客数较多，若提高费率以增加收益，乘客数会因费率水准的提高而逐渐下降至最低的固定乘客数。图 5 – 7 的 $A$ 点代表最低的票价水准，或是能回收直接管运成本的票价；$B$ 点代表最高的票价水准，此时票价收益为最高，纵使再提高票价，票价收益也不会上升，反而会逐渐下降，乘客数也会逐渐下降，这对于乘客与管运者都无利益，所以 $B$ 点可以代表票价水准最高的限度。

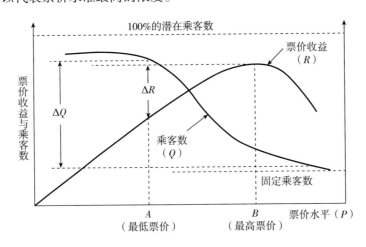

**图 5 – 7　票价水准与乘客数及票价收益的关系**

在 $A$、$B$ 两点间，票价水准提高后，票价收益虽会增加，但乘客数会减少，即票价水准与乘客数成反比例关系，两者之间存在交互损益的关系。在确定票价水准时，费率制定是一项大的难题，必须就相关各项因素来决定最佳票价水准。

图 5 - 7 所示的是一个典型的关系，仅就使用者及管运者两方面加以考虑，并未将实际影响费率水准的因素通盘考虑。现在试着对 A、B 两点的意义加以探讨。其中，A 点的意义可视为政府所规定的最低票价，以防止同业间的恶性竞争及回收成本等；B 点将是政府所规定的最高票价，以防止业者获得暴利，保障并照顾民众的福利。此外，由于 A、B 点的票价受到政府的管制，其票价收益不一定能够回收其管运成本，且有可能低于管运成本，须由政府加以补贴，以维持运输业的继续生存。由此可知，若将所有影响因素全部加以考虑，则乘客数（Q）、票价水准（P）及收益（R）三者间的关系将变得十分复杂，其中所牵涉的最主要因素是需求弹性的大小，通常如果需求弹性低，则即使调整票价，乘客数与票价收益所受到的影响仍较少；如果需求弹性高，则提高票价可能造成乘客的流失，影响票价收益。

### 2. 运输费率制度

运输业的费率制度名目甚多，但由于各种运输业（如铁路、公路、市区公车）的特性及环境、政策的不同，所采用的费率制度也有所不同，以下将说明各种常被采用的费率制度。

（1）距离费率制。距离费率制（Distance Rate System）也称为比例费率制度，费率是按里程计算，这种费率制度因为简单且易计算，因而被广泛采用。以此为基础又可分为下列两种。

1）标准距离费率制。标准距离费率制即每单位里程的费率固定，不论距离长短，票价（F）为运输距离（D）乘上每单位里程费率（R）的值。长途汽车客运公司目前均采用此费率制度计算票价。

2）递远递减费率制。递远递减费率制（Tapering Rate System）即运距越长，每单位里程费越小，以此制度计算票价，可采用下列两种方法：①分级直接计算法，即以运送距离乘以原先预定该区、该段内的单位里程费率，但有时使用这种方法会发生远距离票价低于近距离票价的不合理现象。②分段累计计算法，这种方法将运送距离划分成若干段，每段适用不同的费率，然后相加，其和为所求的票价。

（2）分组费率制。分组费率制（Group Rate System）也称为分品费率（Zonal Rate）制度，这种制度是将全程分为若干组（区），同组（区）内适用同一票价，运送距离跨越二组（区）以上时，将二组（区）以上的票价合计。可分为

以下两种方法：

1）固定分组法。固定分组法是指所定分组票价为此分组内活动的票价，只要不超过本组（区），不论远近，票价都为一定值；若超过本组至另一组时，则累计两者的票价。例如，如图5-8（a）所示，每区的票价皆为5元，每超过一区加5元；如图5-8（b）所示，在一区内的票价为10元，超过一区加5元。

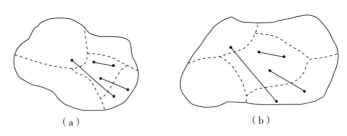

（a）　　　　　　　　　　　（b）

图5-8　固定分组之费率结构

$$F = nCF = C + ni \qquad (5-8)$$

式中，$C$ 为每区的票价；$i$ 为额外票价；$n$ 为通过的分区数。

2）可动分组法。可动分组法以托理人（旅客）的启程站为起算点至一定距离为一组，累计进行分组。国内短途客运及一般地区性的民营汽车公司就采用这种制度。

3）均一费率制。均一费率制（Flat Rate System）也称单一费率制度，即不论运送距离的长短，均适用相同的票价，故票价不因运送距离而变更，如都市的市区公车费率大多采用这种制度。

# 第三节　运输定价方法

**一、浮动运价**

浮动运价一般是指为改善企业经营效果，根据运输市场的调节原理，在国家价格政策允许范围内确定的相对有差别的运输价格。

我国地域辽阔，自然条件、经济状况以及运输需求的波动状况很不相同，因此运价的调整不能要求各地完全一致、幅度完全相同。也就是说，在实行国家统一定价的同时，还应发挥市场的调节作用，允许运输企业在国家规定的范围内实行浮动运价。

1. 浮动运价的作用

浮动运价的作用：①由于企业有了价格浮动区间，可以一开始就避免或克服因国家定价测算不准给生产者或消费者带来的损失；②当运输成本发生变动时，使其价格有相应的调整空间；③当发生运输供求变动时，使企业能适应市场价格波动；④可促使企业开展竞争，以提高经济效益和服务质量；⑤可为国家制定与调整运价以及相关政策提供重要信息。

2. 浮动运价的性质

由于运输企业没有也不可能有完全自主的定价权力，所以只能实行一定的浮动价格，如果企业确定的运价处在价格的允许浮动范围内，那么实际运价就是企业所确定的运价；如果企业确定的运价超出了浮动的范围，则以浮动价格的上限或下限为实际价格。

当然，国家应合理地确定运价的浮动范围。如果浮动幅度相对于供求关系规定得太小，则价格限度将会很小，各企业都将实际运价定在同一个限度上，无异于统一调价；在供过于求时，价格下限就是一个变相的统一国家定价；在供不应求时，浮动上限就是变相的统一提价。长此以往，将导致运价的基准价不复存在。如果浮动幅度定得太大，将使其足以容纳来自不同程度的供求变化的冲击，则意味着浮动运价失去了存在的意义。

3. 企业定价方法

对于大多数运输企业来说，其在国家规定的浮动运价内，常以成本为主要依据对企业的运价加以测定。其方法主要有以下两种：

（1）成本加成定价法。成本加成定价法就是估计运输产品的平均变动成本，加上间接费用，再加上一定百分比的利润加成作为价格。

【例 5-1】某运输企业计划运量的全部变动成本为 100 万元，平均变动成本为 0.14 元/吨公里，间接费用为 80 万元，则间接费用与全部变动成本的比率为80%，如果企业规定其成本利润率即利润加成为 30%，则其运价为：

$$0.14 \times \left(1 + \frac{80}{100}\right) \times (1 + 30\%) = 0.3276 \text{ 元/吨公里}$$

成本加成定价法的优点：①比较简单易行，不需要估计价格与需求的复杂关系；②价格基本上可保证成本的补偿；③各企业都按一定比例加成，可减少由于价格竞争而产生的威胁；④会使买卖双方有公平合理的感觉，顾客也可通过加成

法了解其价格的构成情况。

成本加成定价法的缺点：①忽视了当前的需求状况，而且它采用的成本是会计成本，而不是未来成本，因此它只是一种令人满意的方法，而不是最优方法；②即使它比较简单易行，但要合理分摊间接成本还是比较困难的，因为任何分配方法都不可能是公平合理的。

（2）盈亏平衡法。盈亏平衡法就是确定企业保本运价的方法。其计算公式为：

$$保本运价 = \frac{固定成本 + 预计周转量 \times 单位变动成本}{预计周转量} \qquad (5-9)$$

【例5-2】某运输企业未来一年内的固定成本预计为102315元，单位变动成本为0.132元/吨公里，预计周转量为1504632吨公里，则保本运价测定为：

$$保本运价 = \frac{固定成本 + 预计周转量 \times 单位变动成本}{预计周转量}$$

$$= \frac{102315 + 1504632 \times 0.132}{1504632}$$

$$= 0.20 \, 元/吨公里$$

保本运价一般是在季节性供过于求时，为了保本而临时采用的运价。其实，由于固定成本与运输工作量无关，具有不可避免性，所以在季节性供过于求导致运价大幅下滑时，只要企业实际运价大于单位变动成本（可小于保本运价），在短期内也是必要的和可行的。

## 二、差别运价

差别运价是指运输提供者根据市场对运输的不同需要层次制定不同的价格。对于同样重量、同样运距、同样运输条件的两种货物，其运价存在不同。

### 1. 差别运价的意义

首先，国家利用差别运价发挥运价的杠杆作用，以促进合理运输，促进生产力的合理布局。

其次，差别运价可在一定程度上消除运输企业在不同运输条件下运输所产生的明显差异现象，使运价大体符合价值，促进运力的合理分布，缓解边远地区运力的供求矛盾，提高企业经济效益和社会效益。

最后，按质论价可以鼓励先进，保护消费者利益，同时有利于调整供求关系，可以照顾到各种类型的消费需要，使运输消费者按自己的需要来确定不同质量的运输劳务需求，从而有利于供求的平衡。

2. 实行差别运价的条件

（1）能把各种不同的运输对象区别开来。例如，按运输对象对运输工具的不同要求对运输对象进行分类，以便对不同的运输对象实施不同的价格。

（2）各种不同运输对象的价格需求弹性不同。例如，对贵重商品和廉价商品可以实行差别运价，因为两者对运输的价格需求弹性不同，前者小，后者大。

3. 按运距不同的差别运价

为了运输的合理化，国家在运距方面实行差别运价。运价率与运距之间的关系有三种情况。

（1）递远递减。为鼓励运输需求者充分合理利用运输工具，相对减少运输供应者的固定费用支出，可对远距离运输采取鼓励政策，即随着运距的增加，运价率相对下降，使其与成本形态相一致。运价率与运距的关系如图5-9所示。

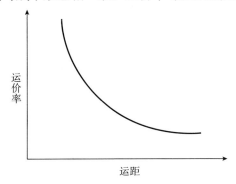

**图5-9 运价率递远递减**

（2）有限递远递减。运价率在合理的运距内采用递远递减，而在合理运距外保持一定的水平不变，其目的是不鼓励过远运输。其几何意义如图5-10所示。

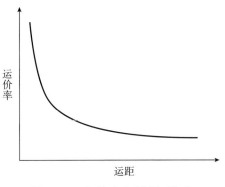

**图5-10 运价率有限递远递减**

（3）过远递增。运价率在合理运距内递远递减，但在合理运距外反而递远递增，其目的是对于那些过远运输对象加以严格限制，以促使货物流通的合理化或使其转而选用其他运输方式进行运输。其几何意义如图 5 - 11 所示。

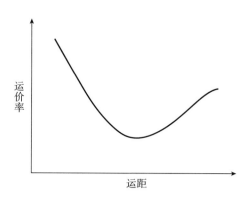

**图 5 - 11　运价率过远递增**

按运距实行差别运价，可以用来合理分配各种运输方式的运量。例如，为发挥水运长途运输安全的优势，鼓励货主充分利用水运，其运价形式可递远递减；为发挥公路短途的"门到门"运输的优势，限制其长途运输，在一定的距离以后，可采用递远递增的运价。

4. 按运输对象不同的差别运价

这种差别运价把运输对象分为若干类，在其运距和运量相同的情况下，对每类规定不同的运价。

（1）不同的地理条件实行不同的运价。根据经济区域、自然条件、地理条件的不同，虽然运量和运距相同，但运价有所不同。例如，地区不同，货物生产和销售的集中程度与分布状况不同，因而会影响实载率，所以运价也不同。此外，地理条件差，如山区路段影响车速和载重量，运输成本较高，所以其运价和平原地区也应有所区别。这种价格上的差异，有利于生产力和运力的合理布局。

例如，交通部于 1998 年 8 月 17 日颁布的《汽车运价规则》中规定，非等级公路货物运价在整批（零担）货物基本运价的基础上可加成 10% ~ 20%。又如，某年某市道路运输对山路和难行路的运价进行适当的加价，如表 5 - 2 所示。

（2）货物的价值不同，实行的运价不同。对于贵重货物的运输，需要特定的运输服务，使其成本较一般货物明显升高。因此，贵重货物的运价比一般货物的运价偏高。

表5－2　××市道路运输山路、难行路加价表

| 项目 ＼ 货种 | 普通货物（元/吨公里） | | | 特种货物（元/吨公里） |
|---|---|---|---|---|
| | 一等 | 二等 | 三等 | |
| 山区难行一等 | 0.05 | 0.06 | 0.07 | 0.08 |
| 山区难行二等 | 0.07 | 0.08 | 0.09 | 0.10 |

（3）货物性质及运输条件不同，运价不同。一些长、大、超重、危险、鲜活易腐的货物，由于需要特殊的运输条件和运输工具，所以其运价也高于普通货物。例如，《汽车运价规则》中规定，一级长、大、笨重货物在整批货物基本运价的基础上加成40%～60%，二级长、大、笨重货物在整批货物基本运价的基础上加成60%～80%；一级危险货物在整批（零担）货物基本运价的基础上加成60%～80%，二级危险货物在整批（零担）货物基本运价的基础上加成40%～60%；贵重、鲜活货物在整批（零担）货物基本运价的基础上加成40%～60%。

（4）货物的比重不同，运价不同。比重不同，同样重量的货物所占体积不一样，因此，比重小的货物影响载重能力的利用程度，运价应比普通货物要高。例如，《汽车运价规则》中规定，装运整批轻泡货物（指每立方米重量不足333公斤的货物）的高度、长度、宽度以不超过有关道路交通安全规定为限度，按车辆标记吨位计算重量；零担运输轻泡货物以货物包装最长、最宽、最高部位尺寸计算体积，按每立方米折合333公斤计算重量。

（5）运输时间不同，运价不同。在运输旺季，由于运力紧张，为了优先运输季节性强的货物或旅客，可适当提高运价，从而使与季节性无关的货物或旅客错开运输时间；在运输淡季，为了增加运输需求，也可降低运价。

（6）对运费的负担能力不同，运价不同。对于那些对运费负担能力较小的货物，可相应降低其运输价格。例如，廉价商品运费负担能力较小，所以运价也较低。在旅客运输中，对学生实行半价是因为学生的经济负担能力小。

5. 按运输批量不同的差别运价

当一次运输货物的数量达到一定的数目时，可适当降低其运价。实行这种差别定价的目的是促使货主或客户成为长期的客户，便于把握运输的供需关系，并且可补偿因零担运输而多付出的费用。我国现行的整批、零担运价等属于按运输批量不同的差别价格。

三、成本加成定价法

成本加成定价法（Cost－plus Pricing）也称营运比例法，先计算出单位产品

的平均成本,再加上一定的百分比作为利润所计算出的价格,即为市场价格,如式(5-10)所示:

$$P = \frac{C}{q(1+r)} \qquad (5-10)$$

式中,$P$ 为价格;$q$ 为运量;$C$ 为运量为 $q$ 时的总成本;$r$ 为加成比率。

目前我国的汽车客运业便采用这种方法。成本加成法将全年平均合理营业支出乘以(1+加成比率),其中合理营业支出并不包括固定资产成本项目,但含折旧。此定价大众运输业的固定资产周转率较高,主要风险为营运成本与收入的变动,只要成本上升或收入减少,利润即被冲销。这种定价方法的优点为可免除固定资产评估的麻烦,运价计算方法较简单,且可以控制企业支出、收入、盈余间的关系。其缺点是固定投资成本无法完整反映到费率当中,可能会降低企业的投资意愿,并且加成比率与投资报酬率之间并无明确关系,换言之,利用成本加成定价法的最大缺点是无法精确估算投资报酬;此外,企业基于提高票价的利益,常有浮报成本的动机。

### 四、合理报酬率法或投资报酬率法

#### 1. 合理报酬率法的计算公式

一般而言,合理报酬率法(Fair Return Theory)的计算公式有下列三种形式:

$$R = E + (V-D)r \qquad (5-11)$$
$$R = (V-D)r \qquad (5-12)$$
$$R = E + d + T + (V-D)r \qquad (5-13)$$

式中,$R$ 为全年应获得的合理收入总额;$E$ 为全年合理支出总额;$V$ 为固定资产价值;$D$ 为累计折旧;$r$ 为投资报酬率;$d$ 为折旧费用;$T$ 为税捐;$V-D$ 为费率基础(Rate Base)及资产净值;$(V-D)r$ 为合理报酬。

其中,式(5-11)为广义的合理报酬,最常被采用;式(5-12)为狭义的合理报酬;式(5-13)则将折旧列入考虑范围。一般企业计算的报酬都以资本额为计算基础,但公用事业合理报酬理论的费率均以固定资产价值为计算基础,这是因为公用事业固定资产投资庞大,可用年限长,移动可能性低,而且受政府的管制,不利于投资的特性,以固定资产价值计算合理报酬更加合理。

#### 2. 制定合理报酬率时应考虑下列因素

合理报酬率的决定没有一定的法则可循,一般而言,公用事业的合理报酬不应高于一般企业所赚取的利润率，但在制定合理报酬率时，仍应考虑下列因素：①顾及风险的补偿与管理投资费用；②必须足以应付公用事业的财务需要；③必须足以维持或有助于公用事业的信用，使事业能支付起所需的资金；④合理报酬率可随投资机会与市场金融贷款条件的变动而变化；⑤公用事业的报酬不应与具有类似风险的其他事业报酬率相差悬殊。

合理报酬率法中固定资产在税率基础中占了大部分，固定资产的大小对费率的影响很大，因此，固定资产值的计算需要详细确实，以保证费率的正确性。

目前我国的铁路和大众捷运系统皆采用投资报酬率法。这种定价方法是考虑企业投资风险高，如铁路的固定资产周转难且投资金额庞大，将应有运费收入分成成本与利润两部分，只有资本投入项目才列入利润考虑的项目中。这种方法的优点是投资报酬率明确，且资本可以反映到税率调整项中，可增加企业投资意愿；其缺点是固定资产不易评估，且如果是数家公司适用同一费率，以其中任何一家公司的固定资产做基准均会引起争议。

# 第四节 各类运输方式的定价

## 一、道路定价

### 1. 道路定价的概念

道路定价（Road Pricing）是一种对道路使用者收费，以减少道路拥挤的策略，所以也可称为拥挤定价（Congestion Pricing）。其观念最早出现于 Pigou 在 1920 年的著作 *Economics of Welfare* 中所举"两条道路"的例子。Pigou 认为："两条道路，其中一条设有收费站，以便对使用者收费，另一条免费，则在收费的道路上，其车速及旅行时间都会较另一条无收费的道路更佳。"

在运输经济学上，道路定价收费用以抑制低效率车辆的使用，节省有限的资源与燃料，使社会的资源达到合理的分配。通常一部小汽车旅次所支付的费用并不包括所有的社会成本，如其所造成的拥挤、延误、空气污染与噪声等成本。道路定价是一种使小汽车使用者认识其旅次所造成整个社会成本的方法，而付出其所"感受的成本"与"社会成本"间的差额。

换言之，小汽车旅次所造成的总成本包含了内部成本和外部成本，但是汽车驾驶者在每次旅次中所支付的费用仅包含了内部成本，如堵车、燃油税、牌照税、时间价值成本等，却不包含造成的外部成本（社会成本），如造成都市内交通拥挤情形、时间成本的浪费和对环境污染等的影响，这些成本都从驾驶者转移到了非旅次产生者。换句话说，外部成本并无法通过市场机能来反映，往往使得驾驶人在预估旅次成本时，低于实际所产生的旅次成本，道路定价使一般小汽车使用者都能了解到每个旅次所造成的整个社会成本，而支付其所造成的外部成本。

因此，由上可知，道路定价早已通过车辆购置税、燃料税、牌照税、通行费而存在，故道路使用定价（Road – use Pricing）、拥挤定价（Congestion Pricing）以及道路使用者付费（Road User Charging）可能比道路定价较不易引起争议。

2. 道路定价的目标

一般而言，道路定价的主要目标如下：

（1）效率的改善。减少拥挤，提高道路使用效率。

（2）环境的保护。除拥挤成本外，还应考虑环境影响的成本，以减少运输业对环境的影响，如荷兰及英国伦敦的做法。

（3）促进都市计划目标的达成。借由道路定价来改善市区的可及性、土地使用，并促进都市的复兴。

（4）公平性的达成。使运输成本和效益按照更为公平的方法来重新分配。

（5）增加财务的收入。由道路定价所得的财政收入，可用来补贴大众运输、环境改善、道路维护与兴建等。

## 二、铁路定价

1. 铁路定价的概念

铁路运输企业运输旅客或货物的价格，是运输价格的重要组成部分，又称铁路运费，包括铁路运输费、装卸费、附带作业费。中国的铁路运价是国家计划运输价格，它的形成以运输价值为基础，在运输成本基础上加利润和税金。铁路运价按运输地区、运送方式、车辆类型、座卧席别、货物种类、运输速度、运输距离、运输条件等不同情况制定并实行差别定价。

2. 制定铁路运价的影响因素

在制定铁路运价时，需考虑到三项因素，即运输价值、运输负担能力、竞争能力。

（1）运输价值或服务价值。运输价值是指货物经过运输后，一定会产生地域效用（Place Utility），增加其价值或售价，这种增加的价值就是由运输得到的价值，称为运输价值或服务价值。由于各种货物本身的价值不一，故通过运输而增加的价值也不相同。通常运输价值以市场价格为衡量标准，同一种货物在两地售价的差额即该货物经由运输后增加的货物价值。

所谓货物价值，通常是对货物本身价值的高低而言。一般来说，货物的价值越高，负担运费的能力越大，因为运费在货物本身的高价值中所占比例很小，即使将运费或多或少地提高，该货物也能负担得起，并不妨碍销路。反之，如果货物的价值低微，因为该货物的运价构成其成本的重要部分，故运费的负担能力非常薄弱，运费必须要低，否则货物将滞销或因此而停止运输。

（2）运输负担能力。运输负担能力英文译为 Charge what the Traffic Will Bear or the Ability to Pay，意指对每桶货物所收取的运费以能获得最大利润或回收最大数额的固定成本为准绳。铁路运价的最高上限为运输价值，下限为直接成本，在此上下限之间，如果能依照货物负担能力收取运费，此时所产生的收入，除了减去直接成本外，尚可分担固定成本并且使盈余最大，这种能产生最大利润的运价，对铁路而言，就是最有利的费率。

换言之，依照货物负担能力制定运价，对于本身价值较高、负担能力较大的货物，需要负担较多的间接成本或固定费用，甚或超过平均运输总成本；而价值较低、负担能力较小的货物，则负担较少的固定费用，甚至在必要时只收直接运输成本即可。如此，尽管各种货物的运价有高低的不同，但仅要求全部运输收入能够支付全部运输成本。这种制定运价的原则符合公平合理的原则，一方面在为铁路求取合理的最大利益，另一方面也在考虑货物本身的负担，并保障货主的利益。表5-3就是说明货物负担能力的实例。

表5-3 挑夫挑货原理（货物负担能力之说明）

| 每人挑负斤数（运价） | 挑夫人数（运量） | 斤数合计（收入） |
| --- | --- | --- |
| 50 | 40 | 2000 |
| 100 | 50 | 5000 |
| 150 | 40 | 6000 |
| 200 | 20 | 4000 |
| 总计 | 150 | 17000 |

表5-3中的挑夫挑货原理，用来比喻铁路运价中的间接成本不应该对不同货物等量负担，而应按照负担能力的强弱来分配。若给予同等的负担，铁路势必

不能收取最有利的运价。表 5 - 3 中挑夫 150 人可挑 17000 斤的货，若规定每一挑夫挑运相同的数量，如限定每人平均挑 113 斤（17000 ÷ 150 = 113 斤），则有 90 人无法负担，只剩 60 人能挑，这 60 人共挑 6780 斤（60 × 113 = 6780 斤），不到全数的一半。这个道理可用于运价，以间接成本（或运价）代表每人负担数，运量代表人数，斤数代表收入。各货物的负担不同，运量为 150 人，可得净收入 17000 元，但如果向能负担者收取平均数 113 元，则只有运量 60 人，收入为 6780 元，与前负担能力不同的差别收费相比，减少 10220 元的收入，并且间接成本也会无法回收。

若铁路向负担能力较高的货物收取较高的运费，向负担能力较低的货物收取较低的运费，尤其对于后者甚至收取比其负担能力更低的运费，只要其比直接运输费用稍高，能对固定费用的分摊有一些贡献即可，或者由负担能力较高的货物来负担其成本而不需要提高运费。

（3）竞争能力。竞争是在制定运价时必须考虑的因素之一，虽不能认定为有举足轻重的地位，但随着市场内外环境的发展，有必须越来越正视竞争因素的趋势。由于经济活动频繁，各种运输工具应运而生，故竞争的种类也很复杂，不仅相同种类运具间会有竞争，不同运具之间更相持不下（如高铁与航空），故市场竞争力的大小也会影响铁路运价的高低。

### 三、水路定价

#### 1. 海运业的定义

海运业或航业（Shipping Industy）是以船舶来售卖其海上服务，并且接受货主或旅客的委托，将客货利用水上航道以迅速、安全、经济、便利、稳妥或舒适的方式送达目的地，而收取报酬的一种事业或企业。

海运业或航业一词主要是对船舶运送业而言，如今海运发达，航业的含义极为广泛，包括其相应而衍生的船务代理业、船舶货运承揽业（Ocean Freight Forwarder，OFF）、无船公共运输业（Non - Vessel Operating Common Carrier，NVOCC）、货柜集散站经营业、船舶出租业、货柜出租业等均在其范畴内。因此，就现代意义而言，航业乃是生产与销售海运服务，并且收受报酬的事业。

#### 2. 海运业服务的特性

海运服务包含下列特性，分别说明如下：

（1）即物性（Existence of Object）。海运业通常只在有货物供运送时才能提供服务，不过事实上，有时海运业比货物本身更重视货柜或船舶的经管与管理。

（2）即时性（Instantaneousness）。当海运业生产运输服务时，同时也消费了运输服务，故生产与消费同时产生，其服务是不可储存或转卖的。

（3）尖峰与离峰负载不同的特性。由于运输服务不可能储存，故不适于做时间性的替换。同时，运输设备须保持在能应付尖峰需求的状态。因此，在离峰时间，部分设备会因而闲置，导致效率降低。

（4）容量成本（Capacity Cost）。海运服务的生产成本主要由设备的容量来决定，而非实际装运的数量。以一艘船的服务来说，船舶满载（Full Load）或空船（in Ballast）的成本相差无几。

（5）附带服务（Supplemental Service）。海运服务的主要任务是从事货物的空间运送，但这并非海运服务的全部，还有附带的装卸、暂时性的货物保管工作以及一连串的附带服务。

（6）生产时间（Time Needed for the Production）较长。海运的服务通常可以分为海上货物运输及港埠的附带服务两项。这两项服务均需要相当长的时间来完成生产。如果以时间和距离为坐标，则货物的运送情况如图 5 – 12（a）所示。

（7）时间成本（Time Cost）。海运服务（包括附带服务）的货物运送，若以距离及成本为坐标，则可以用图 5 – 12（b）表示。若以时间及成本为坐标，可以用图 5 – 12（c）表示。

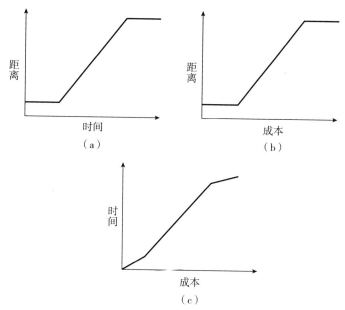

图 5 – 12　海运时间与距离及成本的关系

（8）联合供给（Joint Supply）。当海运的回程没有足够的货源时，空航而造成营运设备的开置为联合成本（Joint Cost）。按照日本海运业的习惯，上一航次卸载后，与本航次卸货之间的一切时间及成本均包括在该航次的账上。

（9）预约（Advance Booking）服务。由于海运服务的生产和消费是同时发生的，故为了避免资源的浪费，需要货主事先预约，以便事先签订运送契约及决定运价，这是海运最重要的运输特性之一。

### 四、航空定价

**1. 航空运价的定义**

航空运价是指在航空运输中，承运人对载运的旅客及其限额内的行李和货物所收取的从始发站机场到目的地机场的运输价格，不包括支付给代理人其他辅助服务的价格。它是航空旅客运输劳务和货物运输劳务的销售价格，是民航运输劳务价值的货币表现，是单位旅客和单位货物在一定运输距离内的运输价格。

**2. 航空运价的特点**

首先，航空业的定价，如同其他运输业，需要将航空定价理论与实务加以结合。在理论上，应就各种市场特性及生产因素的替代性，探讨其定价方式。然而，由于其计价的方法相当的繁杂，而且需要相当多的资料才能进行分析，因此，在实务上都用简单的公式制定价格，一方面便于政府的管理，另一方面简单并易被运输业者接受。在实务上虽采用较简单的公式定价，但仍不应违反经济理论的基础，理论的分析目的是评估实务的航空定价是否合理。所以，在航空定价方面，理论及实务上的分析，都是不可或缺的工作。

其次，目前国际航空运费大都由国际空运协会（IATA）的运输谈判机构加以协调，在协商的过程中考虑下列因素：①以哪种通货（Currency）作为计价的单位；②运输业者的特定要求；③需求的价格弹性；④航线上城际间的需求形态；⑤竞争的情况；⑥各国政府的政策。

最后，各国政府的航空票价政策是在协商过程中不可忽略的重要因素，政府往往会为了下列原因，而对票价表示"关切"：①保护国民权益，避免支付不当的票价；②确定价格竞争，不会影响航空安全；③维护本国航空业者的权益；④推广本国合适的观光旅游政策。然而，国际航空票价的制定，由于牵涉国与国之间的政治、经济等利害关系，所以比国内的航空票价的制定更为复杂。

# 第五节 运输价格管理

运输业是国民经济中的基础产业，是连接商品生产和消费的桥梁。如果运输市场的秩序混乱、管理不规范，则会导致作为运输产品交换媒介的运输价格被扭曲并发出失真的信号，直接影响商品的交换，使运输企业经营决策失误。

运输价格管理是指根据运价本身运动的客观规律和外部环境，采用一定的管理原则和管理手段对运价的运动过程所进行的组织和管理。

## 一、运输价格的管理原则

当前，我国对交通运输业实行"有控制的市场价格"管理模式，其管理原则是统一领导、分级管理；直接管理和间接控制相结合；保护竞争、禁止垄断。

### 1. 统一领导、分级管理的原则

所谓的统一领导是指国务院价格主管部门统一制定、统一安排，在一定的组织程序和组织机构的帮助下，采用相应的管理手段，对全国性运输价格管理工作的价格方针、价格调控计划、定价原则、调价方案与步骤、价格管理法规等内容进行组织、监督和调节。运输价格的"分级管理"是指各级政府、运输主管部门按照各自的价格管理权限、对运输价格和收费标准所作的管理。

目前，在运输价格管理过程中遇到的突出问题是，运输体系的不健全造成运输主体的行为不规范。例如，主体竞争不公平，"地下"交易、"黑市"交易严重，许多无证的货运代理商从中赚取较大的利润，这些扰乱运输市场的现象表明，必须改革运输市场的运行机制，确保运输市场能公平、公开、公正地运营下去。

### 2. 直接管理和间接控制相结合的原则

运输价格的直接管理是指国家直接制定、调整和管理运价的一种行政管理方法。其根本特点是运价由国家价格主管部门直接制定并调整，同时采用行政手段，强制企业执行。运输价格一经制定，具有相对稳定性。

运输价格的间接控制是指国家通过经济政策的制定与实施，并运用经济手段来影响市场定价环境，诱导企业定价行为的一种价格控制方法。它的基本特点是国家不直接调整价格，而是通过国家的政策和经济手段来诱导运输企业运输价格

的制定，不具有强制性。

3. 保护竞争、禁止垄断的原则

随着运输业的发展，不同运输方式或同一运输不同企业之间必然存在着运输价格的竞争。竞争有利于各运输企业提高其运输服务，带动运输企业的发展，但要防止垄断，某些运输企业因在速度、货物的完整程度等运输服务方面强于其他的敌手，想强占运输市场，这样不利于其自身的发展，更加违背了运输业的宗旨，即提供人民安全、舒适的服务。所以运输价格的制定应本着保护竞争、防止垄断的原则。

## 二、运输价格的管理手段

运输价格的管理模式是指在一定的社会形态下，国家对运输价格的形成及运行机制等的调节方式。它的类型是由整个国家的经济性质和国家的经济运行模式所决定的。

1. 以法律手段管理运输价格

价格管理的法律手段是指国家通过制定价格法律和法规进行规范化的管理。例如，规范运输价格的管理模式、管理权限、调节的原则、保护措施、禁止垄断和制裁办法等。

2. 以经济手段管理运输价格

价格管理的经济手段是指国家利用财政、税收、信贷和投资等经济手段来调控运输水平。运输业也是一个初期投资大、资金回收期长，对国民经济的发展有重要作用的行业。运输业除了要适应运输需求的变化、实施管理决策和改善经营管理外，国家应对运输企业给予一定的扶持，使运输企业能长期、有效地经营下去，为人民带来方便出行的服务。

3. 以行政手段管理运输价格

价格管理的行政手段是指运输主管机关或部门运用行政命令，规定统一的运价，实施带有强制性的措施和监督等办法，协调各种价格关系的一种手段。随着市场的进一步深化，国际道路运输通常采用法律和经济手段来进行运输价格的管理，但有些情况还是需要运用行政手段来进行管理。例如，社会发生非常事件（如地震、水灾等）急需某些物资，这时就必须由有关部门运用行政命令的办法强制运输企业按国家定价和国家指导价实施运输。

## 问题与思考

1. 试比较成本加成法与投资报酬率法的差异及其优缺点。

2. 什么是差别定价？试说明一个厂商欲从事差别定价应具备的条件，以及铁路是否可以实施此种差别定价。

3. 试说明影响铁路运价的主要因素有哪些？

4. 试讨论目前全世界的低成本航空在国际发展的状况，并讨论其经营特点与优点。

5. 试说明海运业的服务特性及其对管理成本的影响。

## 案例分析

### 中国香港电子式道路定价的设计

由于中国香港地区决策者认为首次车辆登记费的增加是不公平的，而且并非是很有效的做法，因此中国香港地区政府在 1982 年 11 月邀请英国对电子道路定价有深入研究的两位专家前来研究香港地区执行电子道路定价的可行性，他们很快地认为道路定价方案很有成功的希望，香港地区政府便在 1983 年 4 月决定开始为期 2 年的电子式道路定价实验，这个实验的经费为 500 万美元，包括道路定价硬件的设计和实验，并预测未来不同交通形态的各种道路的替选方案的交通需求分析，以及替选方案的政策分析，这个实验的主要承包人是负责开发硬件的 Plessey 公司、负责开发软件以及分析的 Transpotech 公司。

就技术层面而言，电子式的道路定价是三种众所皆知的技术综合，即车辆自动辨识系统（AVI）、连接中央电脑的路边侦测电脑系统以及电脑化会计系统。在电子式的道路定价实验中，有 2600 辆的汽车在车里焊装上电子号码的金属板，经由上述程序，车辆即可被侦测到。此外，香港市中心区的 18 个位置的路面均埋设感应线圈，线圈连接到路边的电脑，并经由电话线与中心电脑连线。当一辆装有电子码金属板的车辆通过感应线圈时，便会触动路边电脑，并送出信息到中央电脑来记录车辆旅次；然后存入中央电脑，经过会计处理程序，便会送出账单给车主。这种账单具备了非常详细的内容，从整月使用的总账单到记录每一次收费的时间与地点。为了增加实验的可信性，在某些路边的电脑位置装上闭路电视的照相机，所以当车子通过感应线圈时，即使车辆没有登记号码或是登记的号码失效时，还可以由照相机拍下车辆牌照而向其收取费用。

该系统的绩效精确度可达到 99%。测试结果发现，通过的车辆几乎 99.7%

被精确地记录在电脑中，并且路边电脑不管天气状况好坏，几乎全天候99%以上都在运转中，而闭路电视的照相机对车辆的确认也没有困难。

为了确实执行这个计划，香港地区政府必须在通往市中心商业区的100~200个位置处装设感应线圈和路边电脑；收费道路仅在尖峰期间收费，并在收费区设置电子式的标志指示收费道路。香港运输部指出，要将此计划所需的硬件全部设置好必须花三年的时间。

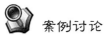 案例讨论

1. 你觉得花费如此巨大的人力、物力和财力实施电子道路定价是否有必要？
2. 试讨论电子道路定价与传统定价方式相比的优缺点。

# 第六章　运输市场

在市场经济条件下，运输需求方与运输供给方构成了运输市场的基础，运输劳务的交换以及运输资源的配置主要是通过市场来进行的，因而运输市场体系以及相应的市场结构是运输经济运行的载体。本章主要讲述运输市场的基本概念，不同标准下运输市场类型的划分，分析运输市场的结构以及运输市场中存在的交易成本。

## 第一节　运输市场概述

### 一、运输市场的概念

#### 1. 市场的概念

市场（Market）是买者和卖者相互作用并共同决定商品和劳务的价格和交易的机制。市场看上去只是一群杂乱无章的买者和卖者，但却总是有适量的产品被生产出来运送到合适的地点，这似乎是一个奇迹。然而，市场体系既不是混乱的也不是奇迹，它是一个具有自身内在逻辑的体系。在市场中，是价格在协调生产者和消费者的决策。

#### 2. 运输市场的概念

运输市场（Transportationmarket）有狭义和广义之分。狭义的运输市场是指为完成旅客和货物的空间位移而提供客位或吨位的场所，即运输需求方（旅客和货主）、运输供给方（运输业者）以及运输代理者共同进行运输交易的机制。广义的运输市场则包括运输活动各方在交易中所产生的经济活动和经济关系的总和，即不仅包括运输营业场地、运输代理机构等各种提供客位和吨位的场所，也包括运输产品的生产者和消费者之间、运输能力供给和运输需求之间、运输部门和其他部门之间的经济关系，还包括运输市场结构、运输市场机制、运输市场调节和管理以及企业在运输市场的经营等。

当然，运输市场是一个相当复杂的概念，运输经济分析应该避免比较笼统地谈论一般的运输市场，如"铁路运输市场""公路运输市场""某两地之间的运输市场""西南地区运输市场"或"城市运输市场"等，而是更加注意根据所提出的具体问题，区别各种基于特定运输对象（不同种类的货物或旅客）、有特定运输目的和特定始发和到达地点的运输服务，并根据可搜集到的可靠数据资料进行分析。因此，目前有些运输经济学家主张"运输市场是其产出和价格均可计算的运输服务"这样的提法，也就是说，每一个具体运输市场上的产出应该是同质的，即其起讫地点和运输方向、所运货物或对象都是一致的，与其他运输市场上的需求和供给不应混为一谈，这样的说法是有一定道理的。

## 二、运输市场的构成

运输市场是一个多层次、多因素的集合体，它由多项要素构成。构成运输市场的要素主要包括以下几个方面：

### 1. 运输需求者

运输需求者是具有现实或潜在需求的单位、组织和个人。运输需求者是构成运输市场的重要因素。运输需求者的总体数量以及单个运输需求者的需求状况决定运输市场的总体需求规模。在分析运输需求者这一概念时，有必要区分运输需求与运输需要之间的差别。在经济学中"需求"与"需要"是两个具有不同含义的概念，需要是一种要求和欲望，是人们在没有得到某种满足时的一种感受状态；需求则是指消费者在一定时期内愿意并且能够购买的某种商品和劳务的数量。需求这一概念包括两个方面的规定性：一是消费者的购买意愿，二是消费者的购买能力。对商品的需求是以消费者的购买意愿为前提的，消费者如果具备实际支付的能力，但无购买意愿（如倾向于储蓄），就不能形成需求。购买意愿又是以实际支付能力为约束条件的，无论消费者的购买愿望有多大，如果不具备支付能力，也不能形成需求。由此看来，运输需求是指有支付能力的运输需要，或者说，愿意并且能够购买人或物空间位移的数量表现。

运输市场上的需求方构成比较复杂，包括各类部门、企事业单位和个人。这些需求者在运输需求的质量、数量等方面存在较大差异，客观上形成了不同层次、不同类型的运输需求。

2. 运输供给者

运输供给者是提供各种客货运输服务，满足需求者空间位移要求的各类运输者。运输供给者是运输市场上的卖方，向市场上提供各类运输产品。每个运输供给者所提供的运输产品的数量和质量，决定于他们所拥有的相关运输资源的数量和质量。运输供给者的构成同样比较复杂，它由具有不同经济性质的企业和其他经营者组成。

从一般意义上讲，由于资源的稀缺性，运输供给在一定条件下是有限的。同时，运输供给在不同的时空条件下又是可以变化的，或者说它具有一定的弹性。随着生产能力的提高和科技进步的加快，运输供给也表现出不断扩大的趋势。然而，从运输市场上的供需情况来看，不同的运输供给者所提供的运输产品并不一定都能够满足市场需求，这就出现了有效运输供给问题。有效运输供给是符合运输市场需求的供给，有效运输供给小于总的运输供给，因为市场上总存在一部分不符合市场需求的供给。运输市场中的供给者并非完全都提供一种有效的供给，因此，随着市场的不断变化，运输供给者也在不断调整和变化自己，以使提供的产品更符合运输市场上的需求，提供更多的有效供给。

3. 运输中介者

运输中介者是为客货运输需求与供给牵线搭桥，提供各种客货运输服务信息及运输代理业务的企业或经纪人。随着经济的不断发展，市场上各种信息也越来越多，对于消费者来说，获得有关信息是进行购买的前提和基础。一般来说，运输需求者总是想获得（购买）服务上乘同时价格又合理的运输产品，获取有关方面信息是进行购买的前提条件。然而，获取信息是要有代价的，完成交易要付出时间和精力，这种代价对于单个运输需求者来说又可能是比较高昂的，因此，市场客观上需要一种专门从事这项服务的"人"，能够开展这方面的业务，以减少市场交易成本。

当运输中介者出现后，越来越多的运输需求者开始把服务要求转向运输中介者。由于运输中介者从事专业化的中介服务，因此，其工作效率相对更高，运输供给者也乐于通过专业化的中介机构来扩大他的市场。

随着运输市场的不断发展，运输中介已经成为市场中的一个不可缺少的阶层和集团。由于专业从事中介活动，运输中介服务成本相对较低，在扩大市场范围、促进运输交易发展方面也发挥着越来越明显的作用。例如，在空运事业十分发达的国家，空运代理被广泛采用；铁路运输代理在各国发展同样十分迅速。

### 4. 政府

现代市场经济条件下，政府在经济活动中的地位和作用越来越明显，这种作用是其他经济主体不可替代的。在一些特殊的经济领域，如运输市场中，没有政府的参与就无法实现正常运转。虽然一些人认为经济的发展应当有足够的自由，政府不应对经济发展和市场运行进行过多干预，在交通运输方面，类似的观点是一个功能完善的运输市场，可以根据运输消费者的需求和供给者的资源状况，由市场规律和价格机制调整和决定市场的运行，但是事实并非如此，由于市场不是万能的，在调节经济发展中存在着缺陷，因此，政府对经济的干预是必要的。在运输业方面，运输市场的特点决定了它在某个时期、某些地方可能极端地垄断，而在另一个时期另一些地方又极富竞争性，过度的垄断和竞争对运输市场都是不利的，有时甚至是灾难性的。因此仅仅依靠市场本身来调节运输供求，决定运输业的发展是不够的，运输市场不能解决所有问题，政府需要在运输市场中发挥必要的作用。

政府作为运输市场的组成部分之一，多数情况下并不直接参与企业的具体经营活动，而是通过制定有关法规、法律、政策来规范和影响这一市场。在运输市场上，政府代表的是国家和一般公众的利益。

### 三、运输市场的特点

和其他的商品市场一样，运输市场是以商品交换为主要内容的经济联系形式，是运输产品供给方与运输产品需求方之间相互连接的桥梁和纽带，因此，它具有一般商品市场所具有的特征和属性。但同时，由于运输业本身的特点，又决定了其具备一些与其他的商品市场不同的特征。

#### 1. 运输市场具有较强的空间性和时间性，供求调节性差

在运输市场中，运输需求是对位移的要求，而这种位移是由运输市场的需求方所指定的带有起讫点方向性的位移，这一位移具有矢量特性。也就是说，在运输市场中，运输需求显现出一种空间特定性，而由带着这一空间特定性属性的运输需求所汇集形成的运输市场也就自然具备了较强的空间性。例如，我国的沿海、平原、城市等地区的运输业比较发达，而内地、山区、农村等地的运输业比较落后，运输市场存在着空间上的不平衡，这就是运输市场空间性的一种体现。

此外，由于运输市场运送的货物和乘客具有季节性的特点，因此运输市场也呈现出较强的时间性和波动性。例如，春节、"五一"、"十一"等假期的客运市场会出现乘客数量达平时数倍甚至十数倍的情况。另外，运输市场的时间性也体

现在其对运输速度的要求上。

运输市场具备较强的空间性和时间性，在空间和时间上均存在着不平衡，但该市场的供求调节性较差。对于一般商品市场来说，在交通、信息事业已经高度发展的今天，商品的供求受到的时空限制已经非常有限，由于市场价格的驱动，时空的不平衡关系很容易被市场自动调节。而运输服务是以运输设施为前提条件的，并且运输的服务供求关系受到时空的严格限制，想对其供求进行调节，难度非常大。

**2. 运输市场具有派生性，与工农业产品市场相适应**

一般情况下，当一种商品或劳务的需求是由另一种或几种商品或劳务的需求衍生出来时，这种需求就称为派生需求，衍生派生需求的那种需求则称为本源需求。派生性是运输需求的一个重要特征，由于运输需求具有派生属性，除少数乘车沿途观光的旅客和飙车族外，运输需求都是由国民经济相关产业活动及人们的社会活动派生出来的，这也使得运输市场在规模、质量和价格上都与工农业产品市场相适应。

**3. 运输市场上出售的是非实物性产品**

运输市场上所出售的并非实体的产品，而是人或物的位移，是非实物性的产品。这些产品具有不可感知、不可分离、不可贮藏和缺乏所有权等特点。

在其他的商品市场上，商品的生产、交换和消费都是独立存在的，而运输产品的生产和消费过程融合在一起，这一点类似于服务市场中的情况，但与服务市场有区别的是运输市场的产品提供者并不直接作用于产品的消费者，而是作用于运输工具；运输市场的交换过程也较为特殊，在运输市场上，一开始供给方和需求方所交换的并非产品，而是一种以车票、货票或者运输合同作为契约保证的"承诺"，这一"承诺"随着运输生产过程的开始，通过一定的时间和空间延伸，在运输生产结束时才完全转变为运输产品。

**4. 运输市场上存在较多的联合产品**

运输企业是为不同运输对象提供多种不同运输产品的企业，在多数情况下，它的设备是由多个个体（不同的运输消费者）联合使用的（如同一列车中不同的旅客）。从理论上讲，当生产某一种产品的同时导致以某一比例生产出另一些产品，而且这种连带产品会引起它的主产品保持着固定比例，就产生了联合成本。准确地计算联合成本具有一定困难，它给企业从供给角度分析市场竞争带来了一定的难度。

**5. 价格透明度高**

一般产品（主要是工、农、建产品）的价格由商品的价值量来决定。相同商品的价格，其价值量相同，价格由供求关系来决定。供不应求，商品的价格会上涨；供过于求，商品的价格会下跌。在供求关系一定的情况下，一般商品的价格在同时间、同地点还受交易双方的经营素质与承受能力的影响，对于不同的买主，其价格可能存在不同，也即不同的顾客或买主存在"背靠背"现象，这种现象在完全规范的市场也在所难免。但在运输市场上，价格具有完全公开性，它在同一时限、同一地点的价格规范一致。

6. 个别市场的进入有一定的困难

运输市场具备一定的自然垄断性，个别市场的进入较为困难，且极易形成垄断。一方面，运输业在一定的发展阶段，某种运输方式往往会在运输市场上形成较强的垄断势力。例如，许多国家都曾有过运河的大规模建设时期，水运运量占统治地位，其后铁路又在相当长的时间里成为运输业的霸主。虽然现在多种现代运输方式都得到了充分的发展，且互相之间产生了激烈的竞争，但它们在自己的优势领域依然保持着一定的独占性。另一方面，由于某些运输市场具有较明显的规模经济效应，成本可加性明显，竞争者想要进入这些运输市场将面对准入限制、初期大额投资等困难。例如，高速公路行业极高的准入条件及巨额的投资成本，使其一直被认为是接近极端的自然垄断市场。

**四、运输市场的作用**

运输市场的市场机制会在市场运行时发挥以下几方面的作用：

1. 提供运输供求信息

信息传递是市场的一个基本功能，市场通过价格信号向消费者和生产者提供有关稀缺状况的足够信息。

在运输市场中，参与运输市场活动的主体拥有和掌握着不同的信息，通过自身的表现向市场传递着信息，如运输价格信息、运输技术装备信息、供求信息等。市场信息在不同主体之间的流动客观上起到调节和支配市场主体经济活动的职能。

运输市场提供的信息流向具有双向性，由需求方通过市场流向供给方的信息流使运输生产的企业或个人能够根据市场的需求情况来决策自己的生产规模以及提供生产和服务的水平；而由供给方通过市场流向需求方的信息流使乘客或货主能够充分了解运输生产者，使其在选择运输生产者上能够使自己的支出得到最大限度的效用满足。

2. 资源优化配置功能

在一定的社会生产规模中，社会资源的分配在各行业之间以及行业内部都存在着最佳的比例关系，运输市场也不例外，其通过运输价格，引导资源从获利较少的运输生产用途转到获利较多的运输生产用途上去，实现社会资源在运输业和其他国民经济部门之间的优化配置；实现运输业内部五种运输方式之间的协调发展；实现各运输企业达到规模经济，并在高效的管理状态下以较低的价格向社会提供多层次的运输产品。不过，由于运输业的公益性、垄断性，仅靠运输市场的调节很难真正达到资源的合理配置要求，这使得政府必须对运输市场采取一定的监管措施，让运输业内部保持合理的适度竞争，保证低成本、高效率的运输系统的存在和发展。

3. 刺激社会生产力发展

运输市场对社会生产力的刺激作用体现在两个方面：一是运输市场的竞争促使运输工具以及运输技术的进步，使与之相关的钢铁、石油、通信等行业得到极大的发展，带来这些产业的技术革新；二是充足的运输使一个国家的工农业生产实现专业化、规模化、区域化和科学化，使社会生产成为世界性的活动，全球各个区域的联系同时得到加强，资源在全世界范围内的有效配置成为现实，以运输业为基础的经济全球化推动了整个人类社会生产的发展。

# 第二节　运输市场类型

## 一、运输市场的分类标准

为了更全面地了解运输市场体系，我们有必要对其进行分类研究。对于运输企业来说，掌握运输市场的分类有助于其制定和实施相应的管理政策及措施。运输市场按照不同的分类标准可以有不同的类别。目前，运输市场主要的分类标准有以下几种。

1. 按运输市场涉及的运输方式

按运输市场涉及的运输方式可分为两种或两种以上运输方式的不同方式间运输市场（如水铁联运市场、公铁联运市场等）和单一运输方式的运输市场（如铁路运输市场、公路运输市场、航空运输市场、水路运输市场和管道运输市场）。

2. 按运输距离的远近

按运输距离的远近可分为短途运输市场、中途运输市场和长途运输市场等。

一般来说，不同的运输方式对于短、中、长途的定义并不一样，比如以汽车为运输工具的话，50 千米以内为短途运输，50～200 千米为中途运输，200 千米以上为长途运输；再比如以飞机为运输工具的话，600 千米以内为短途运输，600～1000 千米为中途运输，1100～3000 千米为长途运输，3000 千米以上为超长途运输。

**3. 按运输市场的空间范围**

按运输市场的空间范围可分为国际运输市场、国内运输市场、区域运输市场、城际运输市场和市内运输市场。

**4. 按运输市场的客体结构**

按运输市场的客体结构可分为基本市场和相关市场。其中，基本市场分为客运市场、货运市场；相关市场分为运输设备租赁市场、运输设备修造市场、运输设备拆卸市场等。

上面的货运市场也可以按照运输条件进一步分为一般货物运输市场和特种货物运输市场。一般货物运输市场可分为干货运输市场、散货运输市场、杂货运输市场、集装箱运输市场。特种货物运输市场可分为大件运输市场、危险货物运输市场、冷藏运输市场、搬家运输市场等。以上的货物市场还可进一步细分，如散货运输市场可再细分为煤炭运输市场、粮食运输市场、钢铁运输市场、油品运输市场等。

客运市场也可以细分为一般客运市场和特种客运市场，后者如旅游客运市场、包机（车、船）市场等。

**5. 按运输市场的竞争性**

按运输市场的竞争性可以分为垄断运输市场、竞争运输市场和垄断竞争运输市场以及寡头垄断市场等。这种分类是针对特定时间、地点等条件而言的，如有的运输企业在一些地区是垄断的，在另外一些地区则可能是竞争的。按竞争性划分的市场结构类型及特点如表 6-1 所示。

表 6-1　按市场竞争划分的市场结构类型及其特点

| 市场结构类型 | 厂商数目 | 产品差别程度 | 个别厂商控制价格能力 | 厂商进入产业的难度 | 现实中较接近的运输子市场 |
|---|---|---|---|---|---|
| 完全竞争 | 很多 | 无差别 | 无 | 完全自由 | 公路货运 |
| 垄断竞争 | 较多 | 有一定差别 | 较弱 | 比较自由 | 城际运输 |
| 寡头垄断 | 几个 | 有或没有差别 | 较强 | 有限 | 国际航空运输 |
| 完全垄断 | 一个 | 唯一，不可替代 | 相当强 | 不能 | 铁路运输 |

6. 按时间要求

按时间要求可分为定期运输市场、不定期运输市场、快捷运输市场等。

7. 其他情况

上述分类往往还可以交叉进行，如长途客运市场、短途客运市场、水运长途客运市场、水运短途运输市场、公路长途客运市场、定期船市场、不定期船市场等。

下面将以运输市场的竞争性为分类标准介绍我国一些典型的运输子市场的情况。

### 二、完全竞争市场

完全竞争市场（Fully Competitive Market）是一个理想化的市场，在这样的市场中，有许多规模较小但进出市场自由的企业，每一个企业都生产完全相同的产品，每个企业的规模都太小，以至于无法影响到市场的价格；而且，市场交易活动自由，没有人为限制，市场的所有参与者（企业和消费者）均拥有充分的信息。在完全竞争市场中，市场完全由"看不见的手"——价格进行调节，政府对市场不作任何干预，只起维护社会安定和抵御外来侵略的作用，承担的只是"守夜人"的角色。

完全竞争市场只是西方经济学家在研究市场经济理论过程中的一种理论假设，在现实生活中，完全竞争市场所需的前提条件很难成立。尽管完全竞争市场在现实经济生活中几乎是不存在的（公路普通货运市场、海上租船运输市场具有接近于完全竞争市场的特征），但是，研究完全竞争市场类型仍有其积极的意义。分析研究完全竞争市场形势，有利于建立完全竞争市场类型的一般理论，当人们熟悉掌握了完全竞争市场类型的理论及其特征以后，就可以用其指导自己的市场决策。例如，生产者就可以在出现类似情况时（如作为价格的接受者时）做出正确的产量和价格决策。更重要的是，分析研究完全竞争市场类型理论，可以为我们分析研究其他市场类型提供借鉴。例如，在对有关垄断市场、垄断竞争市场和寡头垄断市场中竞争与效率问题进行比较研究的过程中，完全竞争市场类型理论可以作为一个衡量标准起到借鉴作用。

### 三、完全垄断市场

不完全竞争可以达到怎样不完全的程度呢？极端的情况是垄断（Monopoly）。单一的卖者是它所在行业的唯一生产者，同时，没有任何一个行业能够生产出相

似的替代品。

完全的垄断在今天是罕见的。实际上，许多典型的垄断案例仅仅存在于那些受到政府保护的产业。例如，一家制药企业研制出一种获得专利的神奇药品，并在若干年内保持自己对这种药物的垄断权。垄断的另一重要的例子是获得当地公用事业的特许经营权，如一家自来水公司。尽管如此，即使是一个垄断者，它也必须经常注意那些潜在的竞争者。上面所说的那家制药企业会发现竞争者很可能正在生产类似的药品；数年前还处在垄断地位的电话公司，现在必须考虑移动电话给它们带来的冲击。于是，在长期内，没有一个垄断者能确保自己免受竞争的冲击。

完全垄断市场具有促进资源效率提高的可能性，也具有刺激创新的作用。但是，完全垄断市场会造成市场竞争和生产效率的损失、社会产量的损失以及消费者利益的损失。

同样要指出的是，完全垄断市场也是一种极端的市场类型，这种市场类型只是一种理论的抽象，在现实经济实践中几乎是不可能存在的。因为在现实经济实践中，大多数垄断企业总是要受到政府或政府代理机构各个方面的干预和调节，而不可能任意由垄断企业去完全垄断市场。当然，如果政府对垄断企业不进行干预，或者干预不力，垄断企业垄断市场、损害社会和消费者利益的可能性也是随时可能出现的。即使完全垄断市场在现实经济实践中几乎是不存在的，研究完全垄断市场还是具有积极意义。例如，研究完全垄断市场可以促使我们了解完全垄断市场条件下出现的各种经济关系，从而有利于我们运用这种理论来研究现实市场类型条件下市场主体行为如何最佳化；研究完全垄断市场理论还可以使我们明确政府对垄断行为进行干预、调节的必要性以及政府干预、调节活动对市场正常运行、对市场主体利益的调节所起的重要作用等。

### 四、寡头垄断市场

寡头（Oligopoly）或寡头垄断市场是介于垄断竞争与完全垄断之间的一种比较现实的混合市场，是指少数几个企业控制整个市场的生产和销售的市场结构，这几个企业被称为寡头企业。寡头企业在现实生活中是相对普遍存在的，如国际上民用航空工业与民用航空运输业已纷纷进入寡头垄断时代，干线飞机市场波音公司和空中客车公司两家"楚汉相争"，支线飞机市场加拿大庞巴迪、巴西飞机公司和德国道尼尔"三国鼎立"的格局基本确立。中国国内的航空运输市场基本上被中国航空集团公司、中国东方航空集团公司和中国南方航空集团公司三巨头分割。这些都是典型的寡头市场。寡头的重要特征是每个企业都可以影响市场价格。在航空业，仅仅一家航空公司降低票价的决定，就会引起它的所有竞争者降低票价，引发价格大战。

当寡头能够互相勾结，使它们的共同利润达到最大时，考虑到它们之间的相互依赖性，它们就会以垄断者的价格和产量来赢得垄断者的利润。虽然许多寡头会对获得如此高的利润感到渴望，但在现实生活中，存在许多阻碍它们有效勾结的因素：首先，勾结可能是非法的；其次，企业可能通过对所选择的顾客降低价格以增加其市场份额来"欺骗"协议中的其他成员（在价格保密、产品有差别、企业数目较多或技术变化迅速的市场上，秘密降价的可能性更大）；最后，随着国际贸易的不断深入，许多企业不仅要应付国内竞争，还要迎接国外企业的激烈挑战。例如，经验表明，很难找到一个一直持续到今天的成功的卡特尔的例子，不管是公开的还是秘密的。

另外，值得注意的是，垄断虽然是竞争的矛盾对立面，但它的存在并没有消灭竞争，尤其是寡头垄断改变的只是竞争形式，而非竞争本身。另外，如果从国际范围、某一国来看，寡头垄断反而会使竞争大大加剧，激烈的竞争足以使寡头垄断企业尽可能地努力进行研究和开发，尽可能提高效率，尽可能降低产品的价格，而不是像传统的经济学理论认为的垄断破坏和降低有效的市场竞争，阻碍经济和技术的发展。我们可以看到航空运输业的残酷竞争，在一条特定的航线上往往只有两三家航空公司，但在它们之间，仍然是过一段时间就要发生一场票价大战。那么，我们如何把寡头间的对抗和完全竞争区分开来呢？对抗包含了许多提高利润和占有市场的行为。它包括利用广告向外移动需求曲线（刺激需求）、降低价格吸引业务，以及通过研究提高产品质量或研制新的产品。完全竞争并不意味着对抗，而只是表示行业中没有一个企业能影响市场价格。同时，寡头垄断的形成可以避免无序竞争，减少资源浪费；寡头垄断也可以避免完全垄断的"唯我独尊"，使行业发展具有竞争的动力和潜力。因此，如果说寡头垄断企业在缺乏竞争的环境中一般不会自觉地追求高效率，从而导致实际效率往往与最大可能效率之间存在巨大偏差，高效率只是寡头垄断企业自身天然优势带来的一种可能性的话，那么寡头垄断企业并非真正独占市场，这一点就使寡头垄断企业不得不追求高效率，从而使其高效率具有现实性。

### 五、垄断竞争市场

最后一种不完全竞争的类型是垄断竞争（Monopolistic Competition）。垄断竞争在三个方面类似于完全竞争：有许多买者和卖者；进入和退出某一产业是自由的；各企业都把其他企业的价格视为既定。二者之间的差别在于，在完全竞争的条件下，产品是完全相同的；而在垄断竞争的条件下，由不同企业销售的产品是有差别的。

差别产品在重要的特征上表现不同。例如，去商店要花一定的时间，而到达不同的商店所需时间的差异会影响我们的购买决策。从经济学角度看，购买物品的总机会成本（包括时间成本）依赖于我们与商店之间的距离。因为去当地商店购买的机会成本要低些，所以人们倾向于就近购买很多商品。地理位置给产品带来的差别是零售贸易形成垄断竞争的重要原因。此外，质量差异已经成为产品差别中越来越重要的因素。产品质量的差异也许是产品的真实品质上的，也许是外观设计上的，也许仅仅是品牌认知的原因，使消费者认为各个生产者提供的产品是有差异的。不管这种差异是否真的存在，现实中消费者在面对商品时确实存在着某种偏好。例如，我们很多人可能都有这样的经验，长途旅行时愿意乘坐国营的车辆，而不愿乘坐个体车辆，尽管二者在价格上可能并无差异。消费者的这种偏好导致在有些地方甚至出现了个体车辆冒充国营车辆或者挂靠到某一国营运输企业却不接受任何管理的情况。因此，在这样的市场中，广告宣传、营销策划等活动不再是可有可无，价格也不再是决定市场竞争力的唯一因素。

为便于分析，我们应记住这样一个重要的观点，即产品存在差别意味着每个销售者相对于完全竞争市场来说在某种程度上都有提高或降低价格的自由，即产品的差别使每个卖者所面临的需求曲线向下倾斜。从短期来看，企业可以通过一定的价格策略使价格高于边际成本，来争取更大的市场份额或更大的利润率。但从长期来看，随着具有新差别产品的企业的进入，这种不完全竞争行业的长期利润率为零。垄断竞争市场的长期均衡，实际上就是生产者自身不断调整规模以适应由于其他生产者的进入或退出而被打破的短期均衡的过程。

一些批评家相信，垄断竞争天生是低效率的，尽管它的长期利润也是零。另一些人提出，垄断竞争会导致过多新产品的出现，而如果消除这些"不必要"的产品差别，就会降低成本从而降低价格。这些批评垄断竞争的论断有它们不可忽视的吸引力，有时候，我们的确很难解释为什么十字路口的四个角上会各有一个加油站。不过，有一个逻辑性很强的观点可以用于解释社会经济的多样性。通过减少垄断竞争者的人数，你或许能够降低价格，但是，你也可能会因此降低消费者的最终福利，因为人们再也不能得到如此多样化的物品了。某些集中的计划经济国家试图对于少量差别产品实现标准化，结果导致了消费者的高度不满就是最好的例证。人们有时宁愿为自由选择而支付较高的代价。

### 六、政府对垄断的监管

在运输行业，政府针对垄断的监管措施通常取决于垄断产生的原因。从运输的发展史来看，各样的运输方式都基本受到过政府及主管部门的严格监管。而政府监管的出发点主要是保持运输市场的稳定，以满足不断增长的客运需要和货运需要。换句话说，很多运输市场之所以形成垄断结构，和政府政策是分不开的，因为政府和相关管理部门认为，在这些市场中，过多的厂商进入只能导致行业的不稳定，而不是带来更有效的资源分配和更多的社会福利。

除政策原因外，某些运输市场形成垄断结构的另一重要原因是规模经济，这时如果政府不对其进行监管，这些运输市场的垄断商将一方面根据边际收益等于边际成本原则决定产量，另一方面又根据市场要求索要高于边际成本的价格以赚取垄断租金，在这种情况下，社会福利将蒙受损失。而事实上，政府的监管要达到的目标是垄断商按照边际效用等于边际成本的原则决定产量，但如果政府强行推行这一原则，则会导致垄断商退出市场，因为此时垄断商的收益还不足以弥补其生产成本。为了避免此类情况的发生，政府一般会采取以下三种政策来实现其监管目标。

#### 1. 给予补贴并要求垄断商按边际成本定价

政府要求厂商按照边际成本定价，同时利用政府税收对厂商进行补贴以弥补其损失，这既能保证资源的有效分配，同时也能保证厂商的投资能够获得合理的回报。

#### 2. 管制投资回报率

这是对自然垄断行业最普遍的管制手段，政府允许厂商以其长期平均成本为价格，以保证厂商弥补其可变成本和固定成本。尽管在这种监管措施下运输产品的价格仍然可能超过其边际成本，也仍然存在一部分社会福利损失，不过与完全垄断定价相比，社会福利的损失额度在可接受的范围之内。

#### 3. 政府经营

政府直接经营垄断产业，最普遍的做法就是国有化，理论上来讲，这种做法与上面的第一种政策在本质上是相同的，但与民营垄断商相比，国有国营的生产效率可能会偏低，也正因为这样，目前世界上许多国家的政府开始对交通运输领域的国有企业实行私有化改造。

不过与以上观点相反，也有部分学者认为政府以上的三种政策都将带来一系列的消极影响，如阻碍技术进步、生产力发展畸变、租赁资源浪费等，而这些都会影响到交通运营的服务水平以及运营商对消费者需求的重视程度，因此关于政府对运输市场垄断的监管该采用怎样的形式，还有待进一步的研究和实践。

# 第三节　运输市场结构

产业组织结构和市场结构是经济学研究的重要领域，这方面的学术成果对企业边界的确定，对政府制定明确和有针对性的行业政策、建立合理有效的管理体制都具有重要的理论和实践意义。而作为网络型产业的运输业，其产业组织和市场结构又具有特殊的复杂性，不能不引起运输经济学更多的关注。分析运输市场结构的目的是要了解各种运输方式或企业是否存在规模经济，是否具有市场势力或市场操纵力，是否能够凭借垄断价格获得超额利润。

## 一、上下一体化的运输经营者

铁路运输可能是被政府管制最严格的运输方式。如果不考虑管道运输的特殊情况，传统管理体制下的铁路是唯一实行上下一体化经营的运输方式。铁路公司既拥有线路等基础设施，又拥有移动的机车车辆，还负责提供直接的客货运输服务，这就使它们比任何其他运输方式在收取运价方面具有更大的自主决断权力。正是由于这样的一种权力，铁路到现在可能还是受管制最多的运输方式，但是也很奇怪，在人们抱怨铁路垄断经营的同时，对这个行业的投资却得不到正常回报。这里显然有些误解，其实并不是所有拥有固定运输设施的经营者都具有攫取所有消费者剩余的能力的。

铁路对它的一部分使用者应该是具有市场支配力量的，即它有可能对这些使用者收取高于有效水平的价格，如果铁路运输成本的计算和分摊方法可以做到准确可靠，那么铁路公司是否真的滥用了这种市场力量就可以明确地判断出来。因此，铁路成本分析无论对于铁路使用者还是对于铁路公司都成了至关重要的问题。但运输经济学家恰恰在这个问题上很不自信，原因就是铁路运输成本的计算难度太高，而且计算数据的获取十分困难。铁路运输工具数量如表 6 - 2 所示。

表6-2 铁路运输工具使用数量

| 项目 | 2013 年 | 2014 年 | 2015 年 | 2016 年 | 2017 年 |
|---|---|---|---|---|---|
| 机车（台） | 20835 | 21096 | 21366 | 21453 | 21420 |
| 内燃机车 | 9961 | 9485 | 9132 | 8974 | 8568 |
| 电力机车 | 10859 | 11596 | 12219 | 12464 | 12837 |
| 客车（辆） | 58965 | 60629 | 67706 | 70872 | 7262 |
| 软卧车 | — | — | 4953 | 5003 | 4953 |
| 硬卧车 | — | — | 20312 | 20683 | 20438 |
| 软座车 | — | — | 17649 | 20680 | 22984 |
| 硬座车 | — | — | 18061 | 17896 | 17163 |
| 货车（辆） | 721850 | 716578 | 768516 | 764783 | 808736 |

## 二、基本上不拥有固定设施的运输经营者

我们在上面假定同时拥有运输基础设施和载运工具的铁路公司具备对使用者的市场操纵力量。与此相对应的是，像市内计程出租车、整车公路货运、航空包机和海运不定期航线等只利用可移动载运工具从事客货运营的运输业经营者，显然不具有这种市场力量。我们知道，只有当使用者支付的运价与其所引起的运输成本相等时，该运价才是有效率的。而私人运输往往由于没有承担使用稀缺道路或路面资源的足够费用，因此经常出现运输无效率的情况。我们在这里讨论的这些运输企业或运输业者与私人运输很相似，即它们的成本结构中固定设施成本比重很小，而且没有充分利用网络经济的机会，它们与私人运输的区别主要在于它们是为别人而不是为自己提供服务。

从行业的竞争性来看，与同时拥有运输基础设施和载运工具的铁路公司相比，整车公路货运企业这种只利用可移动载运工具从事货物运输的运输业经营者，显然不具前者对使用者的市场操纵力量。在不具有严格的市场进入管制，而且人们可以为货车找到比较规范的二手交易时，只经营可移动载运工具的公路货运业者可以很方便地将这些载运工具转移到有需求的地方去，在一个地区或一条线路经营不好时，就可以较低的代价转移到另一个地区或另一条线路上去。类似这种沉没成本较低的市场只有一家或少数几家供给者，但这些厂商却很难利用垄断地位获取垄断利润，因为市场以外的潜在竞争者随时可能进入以分享这种利

润。根据这种原理，原本市场结构要由规模经济和范围经济来决定的原则在可竞争的市场中已经不那么重要，而且在这里，市场价格就等于机会成本。因此，这些上下分离且只由移动载运工具经营者组成供给方的（整车）公路货运市场，应该属于可竞争的市场，运输业者不具有垄断力量，其市场价格就等于他们的运营机会成本。

### 三、拥有部分固定设施的运输经营者

对于完全上下分离的运输经营者，由于他们并不拥有固定基础设施，因此那些运输业者可以很方便地将他们的载运工具转移到任何有市场需求的地方去。但对于那些拥有一定但并不是全部固定基础设施的运输经营者，如零担公路货运公司，尽管并不需要拥有和经营公路网，但必须要有自己的货站或运转中心以便集散配载和中转货物，它们的服务与经营地域固定性相对更大一些，因为它们在其固定设施上的投资是不能移动的，这种较大的沉没性把它们在一定程度上"拴"在了某些地区。在候机登机和飞机固定维护设施等方面投资较多的航空公司，以及在集装箱专用码头及设施方面投资较多的海运公司也有类似的情况，尽管它们也不需要同时拥有机场的跑道和空中指挥系统或整个港口。这些运输经营者也因此必须面对典型与固定设施有关的财务或经营问题，如投资的沉没性、能力增长的突变性、服务对象的普遍性以及为有效利用固定设施而制定价格等。

固定运输设施能力扩张的突变性产生了一种需要，即这些设施最好由多种客流或货流同时利用，否则设施的利用效率在大多数时间都可能会很低，除非存在着某一种数量很大的客流或货流，大到足以支持在某一个运输通道上实现直接的点到点直达运输。这种由多种交通流共用固定设施所产生的经济性，与大型移动载运设备所具有的经济性相结合，就是运输业网络经济存在的基础。能够把多个运输市场，即把多种客流或货流在其运营网络上较好地结合在一起的运输企业，往往可以比单纯提供点到点直达服务的运输企业效率更高、成本更低。一般来说，只要其中转枢纽的处理能力足够，具有较大运营网络的运输企业就能以较高的频率为客户提供服务，也可以实现较高的运输设备实载率，而这常常是运输经营低成本高效益的必要条件。因此，这一类运输经营者可以较明显地利用运输业的规模经济和范围经济，如通过扩大服务网络的幅员来提高自己的运输密度和设备利用率。

# 第四节　运输市场中的交易成本

## 一、交易成本概述

交易成本（Transactioncosts）又称交易费用，它是与一般的生产成本——"人—自然界"关系成本相对应的概念。所谓交易成本，就是在一定的社会关系中，人们自愿交往、彼此合作、达成交易所支付的成本，也即"人—人"关系成本。正如在现实的物理世界中运动总是要有摩擦一样，在现实的经济世界中交易总是要有交易成本的。可以这么说，有人类的交易活动就会有交易成本，它是人类社会生活中一个不可分割的组成部分。

交易成本来自于人性因素与交易环境因素的交互影响，其产生的原因主要有以下几方面：

1. 风险与不确定性

风险与不确定性（Risk and Uncertainty）是指交易过程中各种风险的发生概率。现实中充满不可预期性和各种变化，由于人类有限理性的限制，使人们无法完全事先预测未来的情况，加上交易过程买卖双方常发生交易信息不对称的情形，因此交易双方会将未来的不确定性以及复杂性纳入契约中，通过契约来保障自身的利益。因此，交易不确定性的升高会导致监督成本、议价成本的提升，使交易成本增加。

2. 有限理性

有限理性（Bounded Rationality）是指参与交易进行的人因为身心、智能、情绪等限制，在追求效益极大化时所产生的限制约束。

3. 机会主义

机会主义（Opportunism）是指人们对自我利益的考虑和追求，即人具有随机应变、投机取巧、为自己谋取更大利益的行为倾向。参与交易进行的各方为寻求自我利益而采取的欺诈手法，增加了彼此不信任与怀疑，因而导致交易过程监督成本的增加。

4. 信息不对称

信息不对称（Information Asymmetric）是指因为环境的不确定性和自利行为

产生的机会主义，交易双方往往握有不同程度的信息，使得市场的先占者拥有较多的有利信息而获益，并形成少数交易。

### 5. 资产专用性

资产专用性（Asset Specificity）是指交易所投资的资产本身不具市场流通性，或者契约一旦终止，投资于资产上的成本难以回收或转换使用用途，也称为资产的专属性。

### 6. 交易的频率

交易的频率（Frequency of Transaction）越高，相对的管理成本与议价成本也升高。交易频率的升高使企业会将该交易的经济活动内部化以节省交易成本。

### 7. 气氛

气氛（Atmosphere）是指交易双方若互不信任且又处于对立立场，无法营造一个令人满意的交易关系，将使交易过程过于重视形式，徒增不必要的交易困难及成本。

## 二、运输市场中的风险与不确定性

在我们讨论的以上几个原因当中，运输市场中的风险与不确定性是决定交易成本的最主要也是最为关键的因素，其重要性远大于其他因素，因此需要引起我们的关注与重视。

在分析运输市场时，我们所假定的是成本和需求已知，并且每个企业都可以预见其他企业将会如何行动。但在现实生活中，商业活动都充满了风险与不确定性。理论上，所有的企业都会发现产品价格每月都在波动；劳动、土地、设备和燃料等投入品的价格常常有很高的不稳定性；竞争者的行为也很难提前预知。

面对风险，人们会采取何种态度呢？一般来说，人们更喜欢做有把握的事情，总是想要避开风险与不确定性。若一个人为损失一定量的收入而产生的痛苦大于他为得到同等数量的收入而产生的满足感，他就是一个风险规避者。从消费者的角度来讲，在同样的平均值条件下，人们愿意选择不确定性小的结果，由于这个原因，降低消费不确定性的活动能够导致经济福利的改善。

尽管风险规避者都会努力避免风险，但风险并不会因此而被消除。市场机制通过风险分摊来应付各种风险。这一过程就是将对一个人来说可能是很大的风险分摊给许多人，从而使每个人所承担的风险降到很小。

风险分摊的主要形式是一种方向相反的赌博形式——保险。例如，在购买车辆自燃保险时，车主就好像是就其车辆自燃的可能性与保险公司打赌，如果车辆不自燃，车主只需要付出一小笔保险费；而如果车辆真的自燃，保险公司必须按合同规定的价格赔偿车主的惨重损失。因此，我们看到，保险是将风险从风险规避者或风险较大者的一方转移到风险偏好者或较容易承担风险的一方。

另一种分散风险的方式是经由资本市场来进行。有形资本的资金所有权可以通过企业所有权这个媒介，将风险在很多的所有者之间进行分摊，并且能够提供比单个所有者大得多的投资和承担大得多的风险。投资生产一种新型商业飞机就是这样的例子。这种飞机是全新设计的，包括研究与开发，可能需要为期10年、总额达20亿美元的投资。然而，如此巨大的投入并不能确保这种飞机将会拥有足够的商业市场前景以补偿其投资。因此，几乎没有人愿意冒如此巨大的风险（即使他拥有这笔财富）进行这样的投资。市场经济可以通过公众拥有公司的办法来完成这一巨大的任务。像波音公司那样，成百上千万的人都拥有其股份，其中几乎没有一个人能拥有很大的份额。我们假设，将波音公司的股权平均分给1000万人，那么，20亿美元的投资对于每个人来说只需承担200美元。于是，倘若该公司的股票收益有吸引力的话，则社会上恐怕会有许多人愿意来承担上述风险。

到目前为止，我们的分析都假设投资者和消费者对自己所面临的风险非常了解，并且投资和保险市场都能够有效率地运行。然而，由于逆向选择和道德风险之类的市场失灵问题，在现实中会出现很多人为的不确定性。当这些因素存在时，市场可能会给出错误的信号，从而破坏激励机制，甚至有时还会瓦解市场机制。

问题与思考

1. 什么是市场？运输市场的内涵是什么？

2. 结合实际，分析运输市场的特点。

3. 分析中国不同运输方式的比例结构的变化。

4. 分析中国不同区域交通运输量与经济发展之间的关系。

5. 什么是交易成本？通过一个你身边的例子分析交易成本与生产成本有什么区别？

案例分析

### 运输市场的竞争

21世纪以来，公路、铁路运输已经成为航空公司短途运输的有力竞争对手。

这种替代威胁，究其原因，来自两个方面：一是速度，二是价格。谁的速度快，能节省时间、提高效率，谁就有市场。目前在400千米以内，高速公路运输较飞机和高速列车有明显优势；400～800千米的中程范围内，高速列车几乎战胜了飞机；航空运输在800千米以上的长途运输中，特别是旅客运输方面才具有优势。也就是说，短途客运上，高速公路运输与民航竞争激烈。高速公路运输成本低、速度快、方便，在短途运输上占有很大优势，对民航客货运输影响日益明显，使民航竞争压力加大，造成民航中短途航线旅客大量流失。近年来不断提速的铁路运输也以其快速、低成本以及夕发朝至的优点吸引了大批的旅客。一段时期里，由于缺少客源，各航空公司之间展开了激烈的低票价竞争。这种竞争显现了民航企业应对市场变化的能力不强、措施不力。

 案例讨论

1. 试分析民航运输市场的特殊性。
2. 结合实际，分析影响航空运输市场的主要因素。

# 第七章　运输管制

交通运输是国民经济中基础性、先导性、战略性产业，是重要的服务性行业。构建现代综合交通运输体系，是适应把握引领经济发展新常态、推进供给侧结构性改革、推动国家重大战略实施、支撑全面建成小康社会的客观要求。近年来，交通运输行业取得了重大成就，站在了交通大国的历史起点上。建设交通强国要构建交通运输现代治理体系，现代治理体系是交通强国建设的制度基础。要加快推进行业治理体系和治理能力现代化，积极构建政府、市场、社会等多方共建、共治、共享的现代治理体系。其中，运输管制是促进运输部门之间整体发展，提高资源的使用效率，避免不公平的差别待遇，避免不合理优惠或毁灭性的竞争行为，以达到维护公众利益安全与利益的目的的有效措施。

在本章中我们主要从管制概述、运输管制的概述和各类运输管制的经济学分析几个方面来阐述交通运输管制与政策，同上述的行业治理体系和现代治理体系相结合，共同构建优良的交通运输系统。

## 第一节　管制概述

### 一、管制的概念

1. 管制的定义

许多学者对管制有不同的定义。例如，维斯卡西（Viscusi）等认为，管制是政府以强制手段，对个人或组织的自由决策的一种强制性限制。丹尼尔·F. 史普博（Daniel F. Spulber）则认为，管制是行政机构制定并执行的直接干预市场机制或间接改变企业和消费者供需决策的一般规则或特殊行为。日本学者植草益对管制所下的定义为：社会公共机构依照一定的规则对企业的活动进行限制的行为。著名经济学家萨缪尔森则认为，管制是政府以命令的方法改变经济管制或控制企业的经营活动而颁布的规章或法律，以控制企业的价格、销售或生产决策。中国学者对管制的定义与上述定义大同小异，部分学者认为，管制是制定政府条例和设计市场激励机制，以控制厂商的价格、销售或生产等决策。

2. 管制的基本内容

管制（Regulation）的基本内容是制定政府条例和设计市场激励机制，以干预经济主体（主要是企业）的价格、销售或生产等决策。政府既可以用行政命令也可以用市场激励的办法在一定程度上控制整个经济活动。历史上，管制的主要形式是直接干预，即政府发出指挥与控制命令，通过这样的管制，政府命令人们从事或者放弃某些经济行为。近年来，经济学家正致力于倡导政府试行一种新的管制——市场激励。管制经济学领域存在着若干种关于为什么会出现管制的理论，其中具有代表性的是管制的公共利益理论和俘获理论。

**二、管制理论概述**

经济学家们早就认识到，实际上市场可能存在严重的不完善之处，即市场失灵。市场失灵（Marketfailure）是指市场无法有效率地分配商品和劳务的情况。对经济专家而言，这个词汇通常用于无效率状况特别重大时；另外，市场失灵也通常被用于特定市场力量无法满足公共利益的状况。对于运输行业来说，市场的这些不完善之处或市场缺陷会给运输服务的使用者带来不利的影响，或是价格过高，或是提供的服务有危险，或是这些服务会危害第三者，或是经营者的损人利己的定价行为会减少愿意提供运输服务的其他企业的潜在的独立发展机会，从而阻碍它们进入市场。而政府管制是为了克服市场失灵造成的问题，保护社会公众利益。这便是政府管制的"公共利益理论"。市场失灵主要包括以下内容：

（1）控制外部性。市场机制的缺陷，可能导致运输活动产生不直接包括在私营部门决策之内的成本、污染和拥挤，这是人们主要关心的事情。

（2）提供公共商品。运输基础设施的某些项目，如公路，具有明显的公共商品的特性，也就是无排他性和无竞争对手。但是，应该在何种程度上把这样的基础设施看作公共商品，常常取决于最初实施的政策。

（3）提供高成本基础设施。高昂的成本和漫长的投资回收期，再加上可能的高风险，如果没有某种形式的政府参与，所有主要的基础设施就不可能建造或不可能进行费用昂贵的运输工程学研究。

（4）高交易成本的存在。虽然从理论上讲，自由市场能使产出达到最优化，但这可能需要付出高昂的交易成本。

（5）将运输并入更广泛的经济政策。土地利用和运输显然是相互关联的，如果运输市场或土地利用市场存在缺陷，人们就会感到应进行某种程度的协调。此外，对运输部门的干预可能形成政府宏观经济战略（如价格控制或投资计划）或工业政策的一部分。

（6）需要反映出运输的真实资源成本。就某些有限的非再生资源（如矿物资源）而言，市场机制可能反映不出社会全面的社会时间偏好。因此，政府可以进行干预以保证决策者知道真实的影子价格。

### 三、管制经济学的发展

作为管制经济学研究对象的政府管制活动近年来有了新发展，主要体现在以下方面：①激励性管制与放松性管制在全球的兴起；②社会性管制日益发展，其管制领域不断扩大；③政府管制方法更着重体现市场原则，出现了政府管制活动与市场机制相融合的趋势。

政府管制活动中的这些新趋势的出现促进了管制经济学的迅速发展。管制经济学对这些新趋势的出现进行了深入研究。在政府管制低效与市场失灵同时存在的情况下，完全放弃管制或实行私有化也并非是解决问题的万全之策。因此，实行激励性管制与部分放松管制便成为政府管制的发展方向。

激励性管制（Incentiveregulation）就是在保持原有管制结构的条件下，通过设计合理的制度来克服传统政府管制所存在的缺陷，激励管制企业提高内部效率，也就是给予受管制企业以竞争压力和提高生产或经营效率的正面诱因。在管制实践中，管制者与企业之间是信息不对称的。具体地说，存在两种形式的信息不对称：一是事前的逆向选择，二是事后的道德风险。前者指相对于管制者而言，企业对产业环境具有更多的私人信息，如技术状况、成本信息、需求信息等；后者指在管制契约确定后，企业的发展程度、经营行为等不能完全为管制者所观测。激励性管制政策的设计就是在基于这两种信息不对称的前提条件下寻找使管制者目标函数最大化的合约。激励性管制主要针对以下几种管制形式：特许投标制度、区域竞争（或称为标杆竞争）制度、价格上限管制、社会契约制度等。尽管上述激励性管制也在不同程度上存在着某种缺陷，但在很大程度上改善了传统管制存在的问题，在欧美一些国家的实践中取得了较好效果。

放松管制（Deregulation）则意味着放宽或取消原有的管制制度，如将行业禁入改为自由进入、取消价格管制等。放松管制的首要目的在于引入竞争机制、减少管制成本、促使企业提高效率、改进服务。近年来，许多经济学家提出，管制过程实际上是在增强而不是在遏制垄断权力。这一观点是基于前文提到的管制利益集团理论。

此外，研究者还注意到，经济管制在地方上已远远超出了自然垄断产业的范围。多年来，许多产业包括铁路和公路运输、航空和公共交通都有管制者在发号施令。而在这些产业中，许多理论上本应该更接近于完全竞争，而不是自然垄断。20 世纪 70 年代以后，以美国、日本、英国等主要国家为中心，对电信、运输、金融、能源等许多行业都实行了放松管制。各国在放松管制过程中，根据本国情况采取了不同方式。英国的放松管制是与私有化过程相伴而生的，先后部分或全部地将英国电信公司、英国煤气公司、自来水公司出售，出售后企业的效率有了不同程度的提高。

上面对管制经济学产生与发展的叙述主要是针对经济性管制而言的，因为相对于社会性管制而言，经济性管制起源较早、体系较为完善、发展较为成熟，在早期政府管制中占据着主导地位。但近年来，随着经济发展水平的提高，对生活质量、社会福利等问题关注程度日益加强，各国在逐步完善经济性管制，对经济性管制产业实施放松管制的同时，将关注点更多投向了社会性管制领域，社会性管制在政府管制中的地位与作用正逐步提高，管制的领域也不断扩展，管制的方法与手段也在不断改进。政府对社会性管制的重视在某种程度上是社会进步、生活质量提高的反映，更直接体现了对消费者利益的保护与对社会可持续发展问题的关注。因此，社会性管制也将成为未来政府管制中一个日益重要的组成部分。

# 第二节　运输管制概述

## 一、运输管制的概念

### 1. 运输管制的定义

运输管制是指政府为了促进资源的有效配置和整体社会福利的提高，实现其特定的经济与社会目标，由政府通过立法或其他行政手段对运输行业的某些特定的生产及经营行为进行的直接干预和有效的管理控制。

现代意义上的运输管制，是从美国联邦 1887 年议会设立州际商务委员会并通过制定《州际商务法》来防止铁路运用其当时的垄断性地位歧视小的货主和损害消费者的利益开始的。在这之后的很长一段时间里，大多数西方发达国家的铁路运输业受到了政府的严格管制。后来这种管制还扩大到运输业的其他领域，如公路运输业、航空运输业等。

2. 运输管制的内容

在我国，由于各种运输方式由不同部门主管，所以尚未形成综合管理体制。对运输业的管制是通过法律和行政命令的方式，由各级行政主管机关执行。运输管制的内容主要包括进入和退出管制、费率管制、服务水平管制、运输补贴等。

（1）进入和退出管制。进入和退出管制的内容涵盖了运输企业从设立到退出行业的全过程。例如，我国对公路客运企业实行许可证制度，《中华人民共和国道路运输条例》第十条规定：申请从事客运经营的，应当按照下列规定提出申请并提交符合本条例第八条规定条件的相关材料：①从事县级行政区域内客运经营的，向县级道路运输管理机构提出申请；②从事省、自治区、直辖市行政区域内跨 2 个县级以上行政区域客运经营的，向其共同的上一级道路运输管理机构提出申请；③从事跨省、自治区、直辖市行政区域客运经营的，向所在地的省、自治区、直辖市道路运输管理机构提出申请。依照前款规定收到申请的道路运输管理机构，应当自受理申请之日起 20 日内审查完毕，作出许可或者不予许可的决定。予以许可的，向申请人颁发道路运输经营许可证，并向申请人投入运输的车辆配发车辆营运证；不予许可的，应当书面通知申请人并说明理由。对从事跨省、自治区、直辖市行政区域客运经营的申请，有关省、自治区、直辖市道路运输管理机构依照本条第二款规定颁发道路运输经营许可证前，应当与运输线路目的地的省、自治区、直辖市道路运输管理机构协商；协商不成的，应当报国务院交通主管部门决定。客运经营者应当持道路运输经营许可证依法向工商行政管理机关办理有关登记手续。

（2）费率管制。我国对运输业的费率实行严格管制，各种运输方式的费率均有明确的运价表予以规定，运输企业被要求严格按照运价表收取运输费，并由中国铁路总公司（原铁道部）、交通运输部、民用航空局等行政部门及其下属机构负责监督执行。除非特别批准，运输企业不得变更运价。

例如，《中华人民共和国铁路法》第二十五条规定：国家铁路的旅客运输票价率和货物、包裹行李的运价率由国务院铁路主管部门拟定，报国务院批准。国家铁路的旅客、物品运输杂费的收费项目和收费标准由国务院铁路主管部门规定，国家铁路的特定运线的运价率由国务院铁路主管部门获得国务院物价部门同意后规定；地方铁路的旅客票价率、货物运价率和运输杂费的收费项目和收费标准，由省、自治区、直辖市人民政府物价主管部门规定。第二十六条规定：路途旅客票价、货物、包裹、行李运价，旅客和货物运输杂费的收费项目和收费标准必须公告，未公告的不得实施。

又如，《中华人民共和国民用航空法》第九十七条规定：公共航空运输企业的营业性项目，由国务院民用航空主管部门确定。国内航空的运价管理办法由国务院民用航空主管部门会同国务院物价主管部门制定，报国务院批准后执行。国际航空运输运价的制定按照中华人民共和国政府与外国政府签订的协定、协议的规定执行；没有协定、协议的，参照国际航空运输市场价格制定运价，报国务院航空主管部门批准后执行。

（3）服务水平管制。服务水平管制的内容涵盖运输业经营的技术和服务标准。《中华人民共和国铁路法》《铁路货物运输规程》《铁路旅客及行李包裹运输规程》《汽车旅客运输规则》《汽车货物运输规则》《水路运输管理条例》《水路旅客运输规则》《水路货物运输规则》《中华人民共和国民用航空法》《国内旅客行李航空运输规则》《国内航空货物运输规则》等法规对运输设备的提供、班次、时刻表、票据、运营线等有比较明确的规定。例如，在《中华人民共和国铁路法》第十三条中对铁路服务水平做出了规定；在《中华人民共和国民用航空法》第九十五条中对航空服务水平做出了规定；而交通安全则有诸多交通安全规则加以规范。在我国目前的服务水平管制的规定中，有关安全、运输工具、运输业从业人员的考核以及运输合同条款方面的规定较多也较为详细；而对于服务的水平、次数等规定比较笼统。

（4）运输补贴。我国运输补贴分为中央财政补贴和地方财政两级。中央财政补贴主要用于铁路和管道，补贴方式主要是差额式补贴，即由中央财政拨款弥补运输企业运营亏损，我国铁路就采取此种补贴方式。地方财政补贴主要用于补贴城市公共交通，对城市公共交通运输企业包括地铁、公共汽车等进行补贴，补贴方式主要是差额式补贴。

3. 运输管制的必要性

运输业需要加以管制的原因有以下几点：

（1）公用运输业固定成本占总成本的比例较高，具有沉没成本的特色，趋向于大规模的组织与经营。运输业的成本也有共同成本的特色，因此边际成本无法分摊到消费单位。同时，运输业大多具有规模经济及范围经济造成的市场机制失灵，或价格机能失灵，不能达到效率的原则。为了避免企业以联合垄断等方式剥削消费者，或企业间的恶性竞争，政府均有介入的必要。

（2）运输业具有许多外部成本（如运输所造成的空气污染）及外部利益（如运输所导致的土地使用的增值），难以在市场体系中恰当反映。当生产者不需要支付全部的外部成本时，会造成生产过剩；而当生产者未能获得全部的外部利益时，会导致生产的不足。生产的过剩或不足都不符合资源有效利用的原则。

（3）运输服务具有部分公共物品的特性。因为公共物品不具有排他性，无法分辨消费者和消费量，会导致收费困难，所以私人不愿意提供，必须由政府介入生产。

（4）除了效率以外，政府还需要考虑国家安全及公众福利。为了国家安全的需要，以及社会公平、地区公平等因素，政府均有必要对若干运输业的提供及营运予以干预。

（5）运输的产品多为劳务且不能存储，产品具有一致性且需要持续供应，而消费者的需求则有显著的波动。为确保运输业的供给与需求配合，政府也有予以适当管制的必要。

**4. 运输管制的目标**

运输管制是根据运输经济理论与管制、管理的原则，界定运输部门各单位间相互关系及行为法则而制定特定的法规。其目的是促进运输部门之间的整体发展，提高资源的使用效率，避免不公平的差别待遇，避免不合理优惠或毁灭性的竞争行为，从而维护公众利益安全与利益。

运输管制的目标一般包括下列几项：①促进整体交通运输系统的发展，以配合国家经济发展的需要；②为社会大众提供安全、高效、合理价格的运输服务；③促进国家、国际的商业发展；④力求运输、能源、土地使用、环境保护、社会政策（如就业、土地分配、区域成长等）之间的均衡发展；⑤运输业主的保障及安全。

管制同时也用来改善运输安全，管制行为加强了航空公司和公路运输业在财务上的稳定性，使航空公司和公路运输者有资源来维持它们的运输工具呈现正常的运营状况；而且也要求驾驶人拥有从业资格以保障安全。

更重要的一点是，管制是为了实现稳定运输的目标。运输管制消除了价格战。此外，运输管制要确保运输从业者能以合理的费率提供可信赖的服务，同时

促使所有相关的人都受到公平对待。基本上人们认为管制是要使运输业成为默默的中立助手——如水资源的提供、下水道污水处理服务以及电力系统等。简而言之，管制者的目标是要把运输系统转变成公用事业。

## 二、运输管制的分类

运输管制可以分为经济管制和非经济管制，非经济管制也称为社会管制。经济性的运输管制主要是以防止资源配置的低效和为消费者提供公平服务为目的，由政府对企业进入运输市场的资格，退出运输市场的条件，提供运输服务的质量、数量和价格，以及运输企业的投资、财务等方面进行的一系列规定。社会性的运输管制则是以保障运输业中的劳动者和消费者的安全与健康、保护环境、防止社会生产生活秩序的混乱、防止灾害等为目的，对与提供运输服务相关的各种活动制定一定的标准，并限制或禁止某些特定行为的规定。

1. 政府对运输业的经济管制

经济管制是政府为实现一定经济目标而对运输业进行的管制。经济管制的基本出发点是限制垄断行为和不合理竞争，因此它包括政府对垄断的管制和对竞争的管制两方面。

（1）政府对垄断的管制。运输业是较容易形成垄断的行业，而在各种运输方式中，铁路运输和管道运输一般被认为是最容易形成独家垄断的运输方式，所以政府对垄断的管制曾经主要是针对铁路而进行的。政府对垄断的管制的主要任务是维护公平竞争，保护货主、旅客和其他承运人的利益。

（2）政府对竞争的管制。运输业的竞争主要是不同运输方式之间的竞争和企业间的竞争。对运输竞争的管制主要通过两方面措施来实现：一是对市场准入方面的控制。任何运输企业进入市场进行经营，必须经过运输管理机关批准，并规定其在指定的运输线路经营和运送指定的货物和旅客。二是对运价尤其是最低运价的控制。控制最低运价的目的是限制某一运输方式内的竞争或限制不同运输方式间的竞争及保留每种运输方式的内在优势，以便使每种运输方式中的大部分运输企业的劳动消耗得到补偿，以避免毁灭性竞争的发生。关于政府对竞争的管制的具体方法已在上述运输管制的内容里进行了详细说明，因而在此不再赘述。

2. 政府对运输业的社会管制

社会管制是指政府为实现一定的社会目标对运输业所进行的管制。运输业是一个能够带来外部成本的产业，为了维持社会和公众的利益，保护人类的生存环境，保证人民群众的生命和财产安全，各国政府及有关的国际组织对运输业实行社会管制。

（1）政府对城市交通拥堵的管制。城市的交通拥堵问题是世界各大城市共同面临的重要问题，而且随着各国城市化进程的加快，这一问题也日趋严重。拥堵的成因之一是私人汽车的快速发展，致使用一般税收所建造的城市道路面积大部分为少数富有者阶层所占用，也造成社会中的不公平，因此各国政府都想尽各种方法加强社会管制以解决交通拥堵问题。例如，有的国家限制私人汽车的使用量，支持和鼓励公共交通的发展；有的国家还在城市设定公交车专用线；有的国家由政府颁布政令，使各大单位错开职工上下班时间。

（2）政府对环境污染的管制。运输业的发展在推动经济社会发展的同时也为人类的生存环境带来了不少消极影响，因此各国政府及国际组织都在试图强化这方面的管制，以保护和改善人类的生存环境。运输业对环境的污染主要有两大方面：一是空气污染，二是噪声污染。为了提高环境质量，各国政府采取了以下管制措施：强化对汽车引擎的检查、维护和重新修置，控制废气排放标准；改善交通车流；对小汽车限制使用；鼓励共用中小型汽车等。为了减少交通噪声，各国政府设立了合理的防止噪声污染的法律、法令和有关规定，由指定机关严格执行，如规定宁静地区限制行车、不得按喇叭、强制安装消声器等，有的国家还对运输所造成的噪声制定课税的法律等。

（3）政府对交通安全的管制。对交通安全的管制也是对运输业实行社会管制的一个十分重要的方面，因为大量交通事故的发生，包括世界上连续发生的空难事故，火车脱轨、翻车及平交道口上的撞车、伤人事故，高速公路上的撞车、翻车事故，船舶航行中的翻船、撞船、沉船事故等，给人们的生命和财产安全带来巨大的威胁。为减少交通事故的发生，除了对运输工具的设计制造规定相应的安全技术标准外，各国都对运输工具的运行作出各种规定，如对飞机在不良气象条件下进行的飞行管制；汽车、船舶要在规定的道路和航道上按照规定的方向行驶；对运输工具的安全性能定期进行检测；禁止运输工具超载运行；禁止驾驶人员酒后驾车、超速行驶等，以保证运输工具的安全运行。欧共体对公路交通安全管制的重要措施之一是限制卡车司机的开车时间：司机每天被允许最多开车8小时，每周则不得超过48小时，以防止过度疲劳引起交通事故。

### 三、运输管制的工具

运输管制的政策工具在一些发达国家被划分为不同类型，在美国，一类旨在进行经济管理，另一类旨在进行社会管理。在英国，一类是数量管理，另一类是质量管理。前者控制运输市场的供给数量、供应运输服务以及消费者支付的价格，后者控制运输服务的质量，如车辆的设计、最大排放水平、驾驶时数、人员培训等。实际上这两套工具之间存在不可避免的重复。例如，限制市场进入，可以抑制运输对环境产生的许多有害影响，而严格的质量控制可以起抑制竞争的作用。因此，下面列出不同政策工具的内容：

（1）税收与补贴。政府可以运用它的财政调控增加或减少不同路线上各种运输或服务的成本，进而影响总的运输成本。此外，政府也可以影响运输投入的要素。

（2）直接供给。由地方和中央政府公办的或国有化的企业，是许多种运输服务的直接供给者。它们还负责供给大量的运输基础设施（如公路）以及辅助服务（如交通警察）。

（3）法律和规章。政府可以用法律管理运输部门，实际上已有大量的法律控制和指导运输供给者和使用者的行为。

（4）竞争政策和消费者保护立法。分清一般的产业立法和消费者保护立法是很有益处的，前者规定了限制性习惯商业做法和企业合并等事物；后者包含如广告之类的事物，它涉及经济上的各种形式的活动，不仅仅是运输。显然它们适用于运输。

（5）许可与准入。政府可以通过给驾驶人、运输工具或者运输单位签发执照来管理运输设施的质量和数量。

（6）道义上的劝告。在许多情况下，这是一种不够有力的形式，通常是对如安全等问题进行教育或提出忠告（如宣传系带安全带的好处）。

（7）研究与发展。政府可以通过研究活动影响运输的长期发展。研究活动一部分由政府机构（如运输研究实验室）进行，另一部分通过资助外部研究机构进行。

（8）提供信息。政府通过许多不同机构向运输使用者提供技术建议，并提供一般信息以提高运输的决策水平。许多这些信息服务专门针对运输（如天气预报对于航运），而这些信息对运输部门只能起间接的作用（如海外贸易安排方面的信息）。

（9）与投入有关的政策。运输业是重要的能源消耗行业，每年将消耗大量的汽油、柴油等资源及其他消耗品。因此，政府有关能源和其他原料及产品的政策，会对运输产生重要的间接影响。

# 第三节 各类运输管制的经济学分析

## 一、经济学中的"租"

经济学中的租（Rent），并非仅指"租用"和"租金"所代表的含义，而是指由某种特殊经济资源带来的收入。这种资源既可以是有形的，也可以是无形的，其特点是：即使它在市场上炙手可热，其可用量也难以增加（或者说难以用别的资源顶替）；而即使它在市场上无人问津，其可用量也难以减少（或者说难以转做别的用途）。经济"租"是指基于经济权力而产生的租。其是一种资源，如土地、劳动力或者资本获得的超过自身并且在次优用途中使用的收入，就是经济中的"租"。

经济中的"租"的消散主要靠竞争和社会再分配两条途径。在自由竞争条件下，"租"存在必然吸引要素由其他产业流入有租产业，增加产业产出，压低产品价格。按总体均衡理论，只要市场是自由竞争的，要素在各产业之间流动不受阻碍，任何要素在任何产业中的经济"租"都不可能长久稳定地存在。

例如，天赋带来的收入，就是租的一种，它通常被称作"李嘉图租"。一把嗓音，一副身材，一张脸蛋，它们可能平庸无奇，路人不屑一顾；也可能倾国倾城，带来滚滚财源。不管怎样，其"可用量"不变，长成这样，就是这样。明星的巨额收入中，小部分应归功于他和其他人一样付出的努力，而大部分应归功于他独有的"李嘉图租"。在纽约曼哈顿区的一幢普通楼房，不论出售或出租，由此带来的收入，大部分是其"经济租"。这幢房子之所以值那么多钱，并不在于它是一幢楼房，而在于它地处曼哈顿。无论曼哈顿区的用房需求多高，该区的房屋面积大致不变。这个区域楼房所享有的"经济租"，则是由当地生产力水平比别处高而造成的。举个更抽象的例子，包括英国在内的很多国家，其国王都曾经垄断过盐的专卖权。国王即使完全不接触盐的生产、转运和销售，也能靠"恩准"别人从事盐业来获得收益。这种收益便是国王独享的"权力租"。它是一份特权，不多也不少，其价值取决于有多少人要吃盐以及这份特权受到多大程度的维护。不管是"李嘉图租"（与天赋相关）、"经济租"（与生产相关）、"权力租"（与行政相关），还是其他类别的"租"，凡是享有"租"的个人或组织，都是某种程度的垄断者。这是对五花八门的垄断的一般化处理。只有这样处理，才能给垄断分析一个持平的起点。

例如，我国的铁路是国家垄断的。多数人包括那些坚决反对行政垄断的人认为，以行政手段限制火车票的价格，从而限制铁路垄断者的垄断收入，是对垄断的一种有效矫正。基于同样的理由，我国也主张对其他公共事业，包括电力、用水、环卫乃至教育都实施限价管制。这种思维背后的逻辑是垄断的缺点在于垄断者需索过度，而只要对垄断进行价格管制，就可以解决问题，使消费者免遭盘剥。

从"租"的角度而言，只要需求还在，这"租"值就不消失。假如没有任何价格管制，铁路垄断者就可能提价，从而将其享有的"租"全部变现；假如存在价格管制，铁路垄断者便无法将其"垄断租"全部变现，体现了政府管制的公益性。

## 二、税收

税（Tax）指政府依照法律规定，对个人或组织无偿征收实物或货币的总称。我们应当去回答这样一个问题：谁最终支付政府所征收的税？我们不能假定那些向政府纳税的个人或企业就一定是这些税款的最终出资者。难道仅仅因为是石油公司将汽油税的收入上交了政府，就意味着这些税收完全来自石油公司的利润吗？实际上，企业完全可以根据税额提高价格，从而将税收向前转嫁到产品的消费者身上；企业也可以将税收向后转嫁到要素的供应者（劳动、土地和其他要素的所有者）身上。

税收转嫁涉及税收归宿（Taxincidence）。税收归宿是指对生产者或消费者的真实收入征税的最终的经济影响。这个概念体现了税赋被最终负担的方式，及其对价格、数量以及生产和消费构成的影响。供求分析可以帮助我们推断一种税收的真实负担者并预计税收如何影响产出。这里参考萨缪尔森曾举过的一个案例，以汽油税为例来说明税收对市场产量及价格的影响方式。为具体起见，假设政府决定对每升汽油向石油企业征收 1 元的汽油税。图 7-1 给出了问题的答案。如图 7-1 所示，税前初始均衡点为 E，即原先的供给曲线 S 与需求曲线 D 的交点，此时每升汽油的价格为 1 元，每年的汽油总消费量为 100 亿升。我们把对每升汽油征收 1 元零售税的情况描绘在图上，便是在需求曲线保持不变的前提下，供给曲线向上移动。需求曲线没有移动是因为汽油税增加后，在每一个零售价格水平（含税价格）上，需求量并没有变动。注意：汽油的需求曲线比较缺乏弹性。相反，供给曲线却恰好向上移动了1元，其原因就在于：只有当生产者得到与以前相等的净价格，他们才会愿意出售某个数量的汽油产品。也就是说，在每一供应量上，市场价格上升的幅度必须正好等于税额。如果生产者最初愿意以1元的价格出售100亿升的汽油，则给定1.9元的含税零售价格，他们仍愿意出售相同数量的汽油（扣除1元的税额之后，生产者得到了与以前相同的价格，即每升1元）。那么，新的均衡价格是多少？答案就是新的供给曲线与需求曲线的交点，即 S′ 与 D 的交点 E′。由于供给曲线的移动，价格上升了。同时，购买量与销售量却下降了。新的均衡价格大约从1元上升到了1.9元。

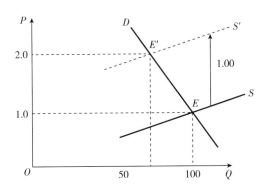

图 7 − 1　汽油税由消费者与生产者共同承担

　　谁最终支付了税款呢？税赋的归宿如何？显然石油企业支付了一小部分，因为现在它们出售每升汽油只得到了0.9元（1.9元售价减去1元税收）而不是1元。但由于汽油的零售价上升了0.9元，消费者承担了大部分负担。这是因为供给相对富有弹性，而需求却相对缺乏弹性。这个例子体现了税收转嫁的一般原理：税收归宿取决于供求均衡时税收对价格和数量的影响。更一般地说，税收归宿取决于供给和需求的相对弹性。如果需求相对于供给缺乏弹性，则税收主要转嫁给消费者；而如果是供给相对于需求缺乏弹性，则税收主要转嫁给生产者。

　　另一个重要的问题是：政府向生产者征税，或者向消费者征税，两者有区别吗？经济学告诉我们：如果不考虑交易成本的话，两者几乎没有任何区别。不管政府规定税赋是向哪一方征收的，都不影响买卖双方分担税赋的比例（当然，征税行为本身的成本会有差别）。

　　如图7−2所示，假设政府对每升汽油增加的1元汽油税是向消费者征收的，即生产企业的汽油零售价中并不包含汽油税。税前初始均衡点为 E，即原先的供

给曲线 $S$ 与需求曲线 $D$ 的交点，此时每升汽油的价格为 1 元，每年的汽油总消费量为 100 亿升。征收汽油税后，在供给曲线保持不变的前提下，需求曲线向下移动了 1 元，其原因在于：只有当消费者得到与以前相等的总价格（含税），他们才会愿意购买某个数量的汽油产品。也就是说，在每一供应量上，市场价格下降的幅度必须正好等于税额。如果消费者最初愿意以 2 元的价格购买 70 亿升的汽油，则给定 1 元的零售价格附加 1 元的汽油税，他们仍愿意购买相同数量的汽油（增加 1 元的税额之后，消费者得到了与以前相同的价格，即每升 2 元）。

那么，新的均衡价格是多少？答案就是新的供给曲线与需求曲线的交点，即 $S$ 与 $D'$ 的交点 $E$。由于需求曲线的移动，汽油价格（不含税）下降了。同时，购买量与销售量也下降了。新的均衡价格大约从 1 元下降到了 0.9 元。此时，税赋的归宿如何？与向石油企业征税的结果相同，石油企业依然只支付了一小部分，因为现在它们出售每升汽油只得到了 0.9 元而不是 1 元。但由于汽油的零售价加上税赋共计上升了 0.9 元（上升的 1 元汽油税减去下降的 0.1 元零售价），因此消费者还是承担了大部分负担。实际上，将图 7 – 2（a）整体向上移动 1 元，就可以得到图 7 – 2（b）。

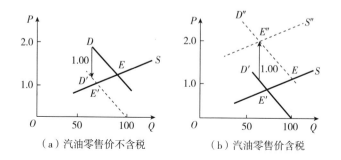

（a）汽油零售价不含税　　　　（b）汽油零售价含税

图 7 – 2　谁是纳税方并不影响税收的归宿

### 三、价格限制

政府有时不是对某种商品进行征税或补贴，而是通过立法规定该商品/服务的最高或最低价格，历史上这样的例子并不少。20 世纪 70 年代石油危机期间，美国等国家曾出现汽油价格管制。今天，我国对铁路票价和出租车价格的限制仍非常严格，与政府征税之后任由市场通过供求原理运作的措施相比，这些直接干预供求规律的措施具有本质的不同。制定市场中的最高价格或最低价格，可能会产生令人吃惊的结果，有时甚至会出现南辕北辙的经济效应。以下我们分别以出租车市场和汽油市场为例来说明价格上限的作用机制。

1. 出租车价格管制

由于潜在的顾客很少正好位于空出租车巡行的地方，若要提供充分的搭车服务的话，就必须提供超过总需求的出租车数量。如图 7-3 所示，这种时间上的不一致性意味着图中的"有效供给曲线"不是一条真正的供给曲线，因为它还取决于需求条件。在正常情况下，需求只有在车费高于"有效供给曲线"与需求曲线交汇点（即达到 $P_1$）时才能被完全满足。因为在这一价格或更高的价格下，需要的车辆数和提供的车辆数之间才能够趋于一致，才不存在由于不能乘上出租车而放弃等候的失望的旅客。

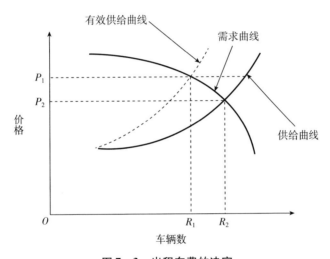

图 7-3 出租车费的决定

实际的票价水平可能定于 $P_1$ 和 $P_2$ 之间的任何一点上，由此可见，表面上完善的出租车市场并没有一个单一的价格。我们有理由推测最终的价格接近 $P_1$ 甚至高于 $P_1$ 而不是接近 $P_2$，从而使出租车司机获得超额利润。这也意味着那些准备付费并使用出租车的人获得一种良好的服务时，提供的车辆远超过需求量，虽然短暂的等候时间和充足的载运能力有可能是在资源使用上的浪费。这种高收费的趋势是由于在租车时任何出租车均享有一定的垄断权力。与正常的完全竞争市场不同，当出租车司机被潜在的顾客招呼时，他们实际上是能提高他们服务收费的垄断者。人们很少在听到一辆车的报价后不愿搭乘而招呼另一辆车，因为很难判定另一辆车的收费是否较低。一旦收费处于较高水平，将没有什么激励促使个别司机降低他的收费，因为对于顾客来说，出租车看起来可能都差不多。当然，现实中的出租车市场要复杂得多，如可能存在出租车的等级或档次的区别。因此，担心出租车可能滥用上文描述的垄断权力以及使票价保持在次优高度，是大部分大城市控制出租车车费水平的原因之一。

2. 汽油价格管制

接下来，我们假设发生了石油价格突然急剧上升的情况。石油价格上升原因可能是石油卡特尔减少供给而消费者的需求上升，也可能是由于国际金融学家的投机行为。部分国外政治家们目睹价格的急剧上升并出来谴责这种局面。他们宣称消费者受到了牟取暴利的石油公司的"敲诈"。他们担心日益高涨的价格会导致生活成本遭遇恶性通货膨胀，他们还为价格上涨对穷人及老年人的冲击而烦恼。因此，他们呼吁政府采取措施，像美国政府于 1973 年、1981 年所采取的管制行为——规定石油的价格上限。

这种价格上限会产生什么效果呢？假设每升汽油的初始价格为 5 元。由于国际原油市场的价格攀升，汽油的市场价格上涨到每升 10 元。现在请考虑一下受到冲击后的汽油市场。图 7-4 中受到冲击后的均衡点为 E。假设政府插手进来，规定每升汽油的价格不得超过原价格 5 元。在图 7-4 中，我们将这一法定最高价格绘制为上限价格线 CJK。那么，在法定上限价格处，供给量与需求量不相匹配，给定管制价格，消费者愿意购买的汽油量超过石油公司所愿意提供的数量。如图 7-4 所示，J、K 之间的距离展示了这一缺口。结果是各加油站很快销售一空，一些人不得不扫兴而去。如果市场自由运行的话，市场就会在 10 元或更高的价格水平上出清；消费者也许会怨声载道，不过也可能愿意支付这种高价，因为这总比加不到油空手而归要强。但是，生产者索取较高油价是违规的，也会导

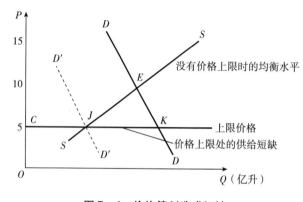

图 7-4　价格管制造成短缺

致市场无法调节。接踵而至的便是一个令人沮丧的短缺时期：当抽油机被耗尽之后，某些人就会得不到汽油。汽油供给不足导致不得不采用配给制来进行供应。最初，也许可以通过"先来先得"的原则加以实施，对于每位车主的加油量加以限制（也可不限制）。于是，结果演化成这种非价格的配给机制——排队配给。而排队这种形式，显然需要人们花费太多的时间，产生了巨大的浪费。有时候，政府会设计出某种以票证配给为基础的更加行之有效的非价格配给法，而那些能够通过特权获得短缺物品的人会在高于管制价格的水平上从事非法交易。

在大多数市场经济中，无论有无正式的配给制，对能源等物品的价格管制都是不受欢迎的。当受管制物品有很多替代品（供给或需求弹性高）时，价格管制既会带来昂贵的成本，也难以实施。更深刻的问题在于：资源总是稀缺的，社会可能永远不能满足每个人的愿望。

### 四、市场准入

以出租车行业为例，我国的出租车行业起步于改革开放初期，是依托于国营交通运输企业和旅游公司而发展起来的。20世纪80年代，由于车辆投入成本高，消费需求规模小，出租汽车数量相对偏少，整个行业处于自发发展阶段。90年代初期，各地出台了一系列鼓励出租汽车行业发展的政策，并普遍放松了对出租汽车行业的进入限制，各种社会资本特别是私人资本迅速进入，使出租汽车行业进入了"井喷式"的发展阶段，短短一两年的时间，出租汽车数量和种类迅速增加，从1993年起，各地开始将出租汽车作为"城市公共资源"按照特许经营方式进行管理，陆续采取了准入数量管制、经营权有偿使用和公司化运营等管理办法。

2007年"油荒"使出租车行业直接遭受不利影响。对此，不仅国家出台了相关措施，而且各地区也纷纷酝酿政策，对出租车行业进行补贴：某市运输管理局称，扣除"油补"后，出租车的税后利润率为1.68%，属于微利甚至无利经营。事实上真是这样吗？有学者认为，出租车行业在我国实际上是一个产生暴利的行业，而产生暴利的原因并不是因为出租车企业的管理者经营有道，也不是政府有关部门监管不力，更不是"的哥""的姐"们"物美价廉"，而是市场结构设计造成的缺陷：长期以来，我国许多城市的政府部门都试图通过限制出租车数量来帮助这个行业。图7-5说明了这一政策的经济学原理。如果政府管理部门（通过准入限制或经营权有偿使用）限制了出租车的数量，就会导致供给曲线向左上方移动。由于出租车需求缺乏弹性，限制出租车数量不仅提高了出租车的价格，而且增加了该行业的总收益和利润。当然，消费者在限制出租车数量所导致的较高价格中受到了损害。

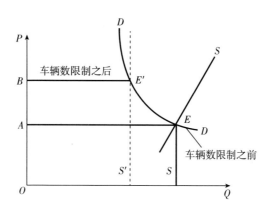

**图7-5　出租车数量限制提高了价格和出租车行业的收入**

限制供给是政府牺牲一部分人的利益来增加另一部分人的收入时一种常用的市场干预举措。下面以美国对招手车和出租车的管制历史为例讲述市场准入。

1. 对招手车的管制

你也许从未听说过"招手车"这个词，因为它在一段时期以前便从美国的城市中消失，但是在不同时期，招手车和出租车构成了城市市区交通的主要基础。它们展示了交通中的两难困境，即在城市中使用政治性政策和法规来限制和消除一定种类的竞争及其对美国总体交通效率的影响。

词典中将招手车定义为"一种巴士或小汽车，尤其是沿着特定线路运行，以低廉票价载客的车"。招手车在许多外国城市是一种普遍的交通形式，例如在墨西哥城，沿着"改革林荫大道"，被称作"佩塞罗"的地方。招手车的规则很简单。一辆正常规格的轿车或面包车，沿着通常为固定的线路，在沿途随时停下接纳乘客，直到车上载满乘客为止。然后再沿着这条固定线路上乘客所指定的任何一点停车，让乘客下去。在某些调整的情况下，招手车将（当然要额外付费）乘客送离原定线路，但限制在一定距离以内的地方，再返回到分岔路口以便继续沿同一线路行驶。招手车与普通出租车的区别是，后者不能同时接纳超过一个付费单位的乘客，并且不会沿着某一固定线路行驶。

招手车在定位上对美国遍布的有轨电车系统造成严重的竞争威胁。《有轨电车杂志》对招手车起了"捣蛋鬼""交通中的怪兽"等绰号。招手车的竞争性的交通模式侵蚀城市中有轨电车的利润。起初法规要求招手车营运者申办许可证，作为进入公共街道的前置保护。这一限制极大地减弱了进入该行业的便利。在某些城市里，许可证或专营许可证竟提交给选民们决定！另外还征收附加费，如要求购买相对较大面额的债券，以便在招手车司机对他们有所冒犯时保护招手服务的消费者们。在某些情况下，办许可证的费用加上购买债券的费用已经相当于一位招手车司机年收入的 50%，这相当于对招手车司机征收同等数额的税收。此外，政府接着又做出了进一步的限制，把作为美国公共交通的一种主要形式的招手车，从根本上予以消除。这些限制包括要求招手车的营运不得低于最低小时数，所谓的最低小时数一般超过了招手车通常营运的平均小时数；使招手车采用固定的线路与时间表；将招手车的活动范围从乘客密集的闹市区迁移。于是，在洛杉矶出现招手车的 18 个月之内，反招手车（倾向于有轨电车）的规则法令，在有招手车与有轨电车竞争的 175 个城市中的 125 个城市获得通过。多数主要城市于第二年也仿效而行。

2. 对出租车的管制

招手车行业被消灭不仅对有轨电车有利，也对出租车行业有利，我们将该行业加以展示作为限制竞争的另一案例。

在美国大多数城市里，出租车有严格的市场准入条件，并且运营价格也受到管制。运营价格一般是由一个委员会所制定的，所有出租车都要遵守。在许多城市的出租车行业，一辆出租车的潜在车主或营运者必须购买一种被称作"大奖章"的执照。这一"大奖章"形状的出租车执照使车主拥有在某一定区域驾驶出租车的合法权利。但在一些地区，出租车执照价格非常昂贵。

如果出租车数量受到过于严格的限制，无照的非法出租车的数量会增加。由此，在数量管控严格的时期。纽约市非法或"吉卜赛"出租车（无证的个体出租车不准流动找客，只能停止在营业站等候召唤）营运的"问题"是比较明显的。随着城市人口数量的增长，出租车执照数量已不能满足需求，因而部分地区放松了管制。

### 问题与思考

1. 分别归纳不同理论对管制原因的解释。

2. 什么是"市场失灵"？管制能不能解决所有的市场失灵问题？

3. 简述我国运输管制的主要内容。

4. 举例简述管制对我国几种主要运输方式所起的作用。

5. 结合实例简述运输税收管制的内容和优缺点。

6. 结合实例简述运输价格限制的内容和优缺点。

7. 结合实例简述运输市场准入管制的内容和优缺点。

 案例分析

### 铁路运价平均提高 1.5 分钱增收 300 亿元

2013 年底，据媒体报道，为促进铁路建设和运营健康可持续发展，国家发展和改革委员会决定自 2014 年 2 月 15 日起适当调整铁路货物运价，国家铁路运货物统一运价率平均每吨公里提高 1.5 分钱，即由之前的 13.01 分钱提高到 14.51 分钱，涨幅达 11.5%。铁路货物运价由政府定价改为政府指导价。国铁普通运营线以国家规定的统一运价为上限，铁路运输企业可以根据市场供求自主确定具体运价水平。

目前，业内对于铁路货运提价有个算法，1 分钱的货运提价可为铁路运输部门带来超 200 亿元的新增收入。据此推算，提价 1.5 分钱可为中国铁路总公司（中国国家铁路集团）新增 300 亿元收入。考虑到铁路货运需求仍相对旺盛，未来还有提价可能。

据统计，2013 年底铁路债余额为 8810 亿元，年增 300 亿元对铁路债务危机的解除仍是杯水车薪。尽管这次提价并不能从根本上解决资金难题，但能使中国铁路总公司大部分实质性的营收提升，减轻公司的偿债压力。

11.5% 的涨幅对某些依赖铁路运输重要原材料的企业影响比较大，还有一些需要运输铜材和大量货物的企业，因为它们的运量大，而且只能大量地依靠铁路运输，因此提高铁路运价会对这些企业的利润和生产带来一定的影响。

 案例讨论

1. 请就该案例，谈谈你对我国铁路业债务危机的认识，以及针对该状况，运用所学知识提出相应解决对策。

2. 运用所学知识，谈谈为什么铁路业处于并长期处于不盈利的阶段？为什么国家还要大力兴建铁路路线？（可从规模经济以及协同发展方面进行作答）

# 参考文献

［1］杭文．运输经济学［M］．南京：东南大学出版社，2016.

［2］李永生．运输经济学基础［M］．北京：机械工业出版社，2017.

［3］欧国立．运输市场学［M］．北京：中国铁道出版社，2018.

［4］喻小贤，陆松福．物流经济学［M］．北京：人民交通出版社，2007.

［5］秦四平，刘子玲．物流经济学［M］．北京：北京交通大学出版社，2014.

［6］刘徐方，张淑谦．物流经济学［M］．北京：清华大学出版社，2017.

［7］霍红．运输管理［M］．北京：科学出版社，2017.

［8］孙军，李青，徐晓飞，许月莹．物流经济学［M］．北京：清华大学出版社，2016.

［9］现代交通远程教育教材编委会．运输经济学［M］．北京：清华大学出版社，北京交通大学出版社，2004.

［10］刘南．交通运输学［M］．杭州：浙江大学出版社，2009.

［11］赵锡铎．运输经济学［M］．大连：大连海事大学出版社，2006.

［12］徐玉萍，魏堂建．运输经济学［M］．长沙：中南大学出版社，2014.

［13］卢明银，王丽华，苑宏伟．运输经济学［M］．徐州：中国矿业大学出版社，2007.

［14］胡思继．综合运输工程学［M］．北京：清华大学出版社，2005.

［15］张有恒．运输经济学［M］．台北：华泰文化出版社，2011.

［16］［美］Kenneth D. Boyer. Principles of Transportation Economics（运输经济学）［M］．陈秋玟译．台北：五南文化出版社，2012.